**Sportwissenschaft und Sportpraxis**

Herausgeber: Clemens Czwalina ISSN 0342-457X



Band 49

**Michael Klein**
**Michael Diettrich**

# Kinder und Freizeit

**unter besonderer Berücksichtigung des Spiel- und Bewegungsverhaltens**

Verlag Ingrid Czwalina D-2070 Ahrensburg bei Hamburg

CIP-Kurztitelaufnahme der Deutschen Bibliothek

**Klein, Michael:**
Kinder und Freizeit : unter bes. Berücks. d.
Spiel- u. Bewegungsverhaltens / Michael Klein
u. Michael Diettrich. - 1. Aufl. - Ahrensburg
bei Hamburg : Czwalina, 1983.
(Sportwissenschaft und Sportpraxis ; Bd. 49)
ISBN 3-88020-114-5

NE: Diettrich, Michael:; GT

ISSN 0342-457X
ISBN 3-88020-114-5
1. Auflage/Ahrensburg 1983

Printed in the Federal Republic of Germany

## Inhaltsverzeichnis

bestimmter Institutionen (z.B. Verbände, kommunale Ämter u.a.) oder an den erkenntnisleitenden Interessen der Fragestellungen ausrichten, in deren Zusammenhang sie jeweils erfolgt, sind die Strukturdimensionen und Bezugsgrößen dieser Daten in den seltensten Fällen auf die Lebenswelten und Verhaltensweisen von Kindern bezogen und haben dafür dann auch nur eine beschränkte Aussagekraft. Konkret heißt dies, daß beispielsweise die Berechnung der in einem Stadtbezirk vorhandenen Spielplätze oder Spielplatzflächen bezogen auf die in diesem Stadtbezirk lebenden Kinder noch nichts darüber aussagt, wieviele Kinder dieses Stadtbezirks tatsächlich einen Spielplatz in ihrem alltäglichen Lebensraum verfügbar haben. Erst die quantitative und qualitative Aufschlüsselung dieses Stadtbezirks als Lebenswelt für Kinder allgemein und für bestimmte Gruppen von Kindern und die Plazierung der Spielplätze hierin könnte Auskunft geben. So sind gerade Strukturmerkmale - so differenziert sie auch immer ausgewiesen sein mögen - "kaum geeignet, die Rahmenbedingungen für die individuellen Lebensräume der Kinder adäquat zu erfassen" (MAGS NW 1981, 10), wie die Landesregierung in ihrer Stellungnahme zu dem Kinderbericht zu Recht bemängelt. Allerdings ist auch fraglich, ob allein "eine Wertung der Strukturmerkmale des Landes im Hinblick auf die Fragestellung nach dem Lebensraum für Kinder" (a.a.O.) bereits zu gehaltvolleren Einsichten führen würde. Generell aber stellen Erhebungen, auf die zurückgegriffen werden konnte, lediglich den quantitativen Bestand an Einrichtungen und Ausstattungen fest, nicht aber die Einbettung in kindliche Lebenswelten oder die Qualität ihrer Nutzung (-smöglichkeiten). Zumindest implizit wird dabei von der Vorstellung ausgegangen, daß allein schon der quantitative Bestand oder Zuwachs eine Aussage über die Qualität der Lebenswelt von Kindern beinhaltet.
Aber auch Untersuchungen, die sich der zur Zeit üblichen quantitativen Methode deduktiver Sozialwissenschaften bedienen - wie sie auch im Rahmen der etablierten Sportsoziologie vornehmlich eingesetzt werden, reichen nicht annähernd aus, alltägliche Lebenswelten zutreffend und sinnvoll zu beschrei-

ben. So wird gerade in den Untersuchungen, die Daten auf der individuellen Ebene sammeln und rechnerisch zu sozialen Merkmalen aggregieren, nach quantifizierenden und Konsistenzen künstlich herstellenden Methoden verfahren, die den Menschen und seine Handlungen aus dem Lebenszusammenhang herauslösen und in der Untersuchungssituation isolieren (vergl. die Kritik von KLEIN 1983). Genau diese Konsistenz aber kann in der Situation zutiefst widersprüchlicher Anforderungen, wie sie für den Lebensalltag von Kindern selbstverständlich sind, nicht vorgängig vorausgesetzt werden. Vielmehr "käme es im Rahmen einer Soziologie des Alltags weit eher darauf an, Forschungsmethoden einzusetzen, die aufzudecken imstande sind, wie hochkomplexe, widersprüchliche und ambivalente Orientierungen und Handlungen erworben, eingegangen und ausbalanciert werden, wie kollektive Mythen und Ideologien alltägliche Gebrauchsgüter werden, und wie latente oder bereits verdrängte und verschüttete Handlungsmuster dennoch rudimentäre Anteile von Alltagssituationen ausmachen" (HAMMERICH und KLEIN 1978, 16). Als besonders geeignet hierfür würde sich die sozio-biographische Methode anbieten:"Im Rahmen sozio-biographischer Methoden ist es möglich, nicht nur spezifische Raktionen auf herangetragene verbale Stimuli abzufragen, sondern komplexe Reaktionen auf soziale Konstellationen in der sinnhaften Einordnung in einen Lebenszusammenhang herauszuarbeiten. Prozesse und sequentielle Abläufe sind in ihrer Entwicklung und in ihrem Zusammenhang - vor allem auch im Hinblick auf andere soziale Bezüge - darstellbar" (KLEIN 1979, 8).

Diese Forschungsmethode wird allerdings für unsere Fragestellung kaum eingesetzt, da zum einen für Kinder eine bereits stattgefundene oder zur Zeit ablaufende Biographie kaum angenommen wird, zum anderen ermangelt dies auch "der Sportsoziologie z.Zt. noch weitgehend, da Sport im Rahmen der derzeit betriebenen Forschung weitgehend als Insel im gesamten sozialen Leben ausgewiesen ist und auch die Vielschichtigkeit und Widersprüchlichkeit des Partizipierens an und Agierens im Sport weitgehend ausgeblendet wird" (a.a.O.); ein Tatbestand, der erst in jüngster Zeit auch andernorts als gravierender

Mangel sport-soziologischen Forschungshandelns festgestellt wird (vergl. RIGAUER 1982, 251 ff.).
Ergänzt werden könnten und müßten diese sozio-biographischen Forschungen durch umfangreiche und intensive Beobachtungen im konkreten Lebensraum der Kindern in den Stadtteilen, auf der Straße etc., wie sie beispielsweise von Martha MUCHOW bereits 1930 bis 1932 vorgenommen worden sind (vergl. MUCHOW und MUCHOW 1978). Ähnliche phänomenologische Analysen wurden von uns an anderer Stelle versucht (DIETTRICH und KLEIN 1983).
Wir sind uns der Mängel und Beschränkungen der Arbeit gerade in ihrem Charakter als Expertise also wohl bewußt. Trotzdem gibt es einige Gründe, warum wir sie dennoch in nur unwesentlich veränderter Form erscheinen lassen:
Zunächst einmal glauben wir, daß die Arbeit zumindest in Teilbereichen zu durchaus belangvollen Aussagen und Einsichten gelangt. Sodann waren wir bemüht, anhand von typischen Lebensregionen Problembezüge der behandelten Thematik sichtbar zu machen. Damit aber sind die Ergebnisse auch über den Berichtsraum Nordrhein-Westfalen hinaus generalisierbar. Die Aussagen sind damit nicht repräsentativ, wie es für die behandelte Thematik ohnehin nicht sinnvoll wäre; vielmehr ist die vorliegende Arbeit ein Beispiel für generalisierbare Aussagen aus exemplarischen Analysen. Schließlich ist die Arbeit gerade in der vorliegenden Berichtsform sicherlich für manchen interessanter, lesbarer, anregender und auch für die eigene Arbeit vielseitiger verwendbar.

## 2. Freizeit

Die Freizeit von Kindern ist als umfassendes Phänomen bisher noch nicht Gegenstand einer systematischen Analyse gewesen. Auch ist an empirischem Wissen über diesen Bereich recht wenig bekannt. So stellt beispielsweise SCHMITZ-SCHERZER (1974) über die Freizeit im Jugendalter fest:"Im Gegensatz zur Situation in der Freizeit der Kinder hat die Forschung zur Freizeit der Jugendlichen doch bedeutend mehr Erkenntnisse gesammelt und beschrieben" (56 f.). Wenn er sodann fortfährt, daß auch bezüglich der Freizeit von Jugendlichen "die Interpretation dieser Ergebnisse ... oft im Vordergründigen stecken (bleibt), differenzierte Aussagen ... selten gemacht (werden). So ist z. B. über das Freizeiterleben Jugendlicher so gut wie nichts bekannt" (57), so kann man rückschließen, daß über die Freizeit von Kindern so gut wie nichts bekannt ist.
Schwierigkeiten bereitet bereits die Frage, was wohl für das Kinderalter Freizeit bedeuten soll. Die in den letzten Jahren rapide angewachsene sozialwissenschaftliche Literatur zum Thema Freizeit vermochte sich bisher noch auf keine allgemein anerkannte Definition zu einigen.
In den meisten Definitionsversuchen wird Freizeit als unbestimmter Begriff gegenüber bestimmten anderen Begriffen abgegrenzt. So wird hierbei in der Regel die von der Wortbedeutung her nahegelegte Abgrenzung einer "arbeitsfreien" Zeit entweder negativ durch den im Verhältnis zur Arbeitszeit entstehenden "Rest" der Zeit bestimmt oder aber durch die Auflistung von bestimmten Aktivitäten, die nicht unmittelbar dem Lebensunterhalt dienen, umrissen. Gerade diese Vorgehensweise verbietet sich aber für die Freizeit des Kindes: allzu häufig sind Übergänge, Überschneidungen und Überlappungen. Zudem ist der für das Erwachsenenalter bestimmte Begriff der Arbeit für das Kind selbst unbestimmt, und auch Aktivitäten, die nicht unmittelbar dem Lebensunterhalt dienen, sind in dem Lebensalter des vornehmlich Unterhalten-Werdens nur schwer zu bestimmen.

Wenig opportun dürfte auch die Definition SCHEUCHs sein: "Freizeit sind diejenigen Tätigkeiten, die sich nicht notwendig aus zentralen funktionalen Rollen ergeben" (1969, 757),

da dieses funktionale Verständnis dem Lebensstil des Kindes zuwiderläuft, ja seinerseits Ausgangspunkt einer Vielzahl von Problematiken in der Freizeit des Kindes ist, worüber unten noch zu schreiben sein wird.
Auch die Abgrenzung vom subjektiven Verständnis freier Zeit führt zu Schwierigkeiten, da Kinder zwar häufig die Schule als Anstrengung erleben, aber keine klare und bewußte Vorstellung von Freizeit haben.
Die empirisch angewandte Freizeitdefinitionen zielten im allgemeinen auf die Abgrenzung von Zeitdimensionen, da sie für Bedarfs- und Nutzungsanalysen in der Freizeitplanung und zur deskriptiven Ordnung von Aktivitätsformen entwickelt worden sind. So unterscheidet etwa BLÜCHER (1966) zwischen

a) produktiver Zeit (Arbeit, Lebensunterhalt, Versorgung usw.),
b) rekreativer Zeit (Schlafen, Arbeitspausen, Essen, Hygiene),
c) verhaltensbeliebiger Zeit (Zeitraum, der nach freiem Ermessen gefüllt wird).

Ähnlich verfährt die Definition LÜDTKEs:"Freizeit = freie Zeit + selbstgewähltes Handeln" (1974, 25). Allerdings ist hierbei nicht nur die Frage nach der 'Produktivität für Kinder problematisch, sondern auch die Disponibilität und Verhaltensbeliebigkeit freier Zeit.
Die Freizeit wird seit ihrer Genese in den sich industrialisierenden Ländern mit der Familie und ihrer strukturellen Umwandlung in der Kontraktion zur Klein- oder Kernfamilie in Verbindung gebracht (NAHRSTEDT 1972, HAMMERICH 1974, WEBER-KELLERMANN 1977, REULECKE 1978). So dürfte gerade für die Freizeit des Kindes von besonderem Gewicht die Lebensweise der Eltern und die bestimmende Einflußnahme der Familie auf die Gestaltung der freien Zeit sein. Gilt dies nahezu vollständig für die innerhalb der Familie verbrachte Freizeit, da hier die Familie den normativen und sozialräumlichen Rahmen setzt, so belegen empirische Untersuchungen aber auch, daß die Disponibilität des Kindes auch in der außerhalb der Familie verbrachten freien Zeit erheblich eingeschränkt ist. Die Mehrzahl der Kinder muß nicht nur über die Verbringung der Freizeit Rechenschaft ablegen, sondern bekommt auch von den Eltern bestimmte Festlegungen über die Art der Freizeitverbringung.

Die Freizeit des Kindes stellt sich somit als ein sehr komplexes Ensemble von

- familialen Lebensgewohnheiten,
- sozialräumlichen Gegebenheiten und
- institutionellen Angeboten dar

und ist nicht aus den dominanten Lebensbereichen des Kindes (Familie, Schule) als ein besonders zu analysierender Bereich auszugrenzen.
Interessant ist in diesem Zusammenhang ein Bestimmungsversuch LÜDTKE's, den dieser an anderer Stelle im Zusammenhang der Entwicklung einer systematischen Theorie der Freizeit vornimmt (1972, 42 f. und 89 ff.). LÜDTKE sieht hierbei die Freizeit als einen allgemeinen Sozialbereich expressiven Verhaltens und diffuser Erfahrungen, der zu einer strukturellen Autonomie tendiert und gleichzeitig instabil und ambivalent ist.
Insgesamt wäre davon auszugehen, daß sich das expressive Verhalten des Kindes und die diffuse Erfahrung um die Aktivität des Spielverhaltens gruppiert. So beginnt SCHMITZ-SCHERZER die Passage über die Freizeit in der Kindheit mit der Feststellung: "In der Kindheit bedeutet Freizeit oft Spiel" (1974, 48), für EICHLER (1973) fällt für das Kind gar Spiel und Freizeit zusammen.
In den Analysen der sowjetischen Psychologie wird das Spiel als die "dominierende Tätigkeit" des Kindes gefaßt, wobei es über diese Begrifflichkeit mit zentralen theoretischen Annahmen verknüpft wird: "Als dominierend bezeichnen wir eine Tätigkeit, mit der zugleich sich die wichtigsten psychischen Prozesse entwickeln, die den Übergang zu neuen, höheren Entwicklungsstufen vorbereiten" (LEONTJEW 1971, 310).

## 3. Spiel und Bewegung

In dem hier angesprochenen Verständnis ist Spiel weit mehr als nur eine unter vielen anderen Freizeitaktivitäten des Kindes, die beliebig zu ersetzen wäre und bei der es nicht von entscheidender Bedeutung für die Gesamtentwicklung des Kindes wäre, ob, mit welcher Intensität und mit welchen Inhalten sie ausgeübt wird.
Der Bedeutung, die dem Spiel und dem Spielen des Kindes für die gesamte sensorische, motorische, emotionale und kognitive Entwicklung zugeschrieben wird, worüber in der pädagogischen Theorie wie in der Entwicklungspsychologie Einigkeit besteht, steht die reale sozialgeschichtliche Entwicklung des Spielens als Kinderspiel entgegen (vergl.: JOHANSEN 1978, dort besonders Kap. 5 "Spielen", 135 - 172 und: ARIÈS 1975, besonders Kap. 4 des ersten Teils "Kleiner Beitrag zur Geschichte der Spiele", 126 - 174). In der realen sozialgeschichtlichen Entwicklung zeigt sich, daß die Spiele sehr rasch ihren vielfältigen gemeinschaftlichen Charakter verloren, indem sie zum Kinderspiel wurden. In der praktischen, auf die Erziehung in Institutionen gerichteten Pädagogik wurde bereits in der frühindustriellen Periode eine Trennung von Arbeit und Spiel, von Lebensernst und unernstem Spiel, von zweckhaft-nützlichem Verhalten und unnützem spielerischen Verhalten vorgenommen. Unter der Prämisse, daß die Erziehung des Kindes zum verständigen Menschen so früh wie möglich zu beginnen habe, wurde auch das Spielen der nicht auf vernünftige Zwecke gerichteten Elemente entkleidet und seinerseits als Disziplinierungselement der Einengung und erzieherischen Zwanges verstanden. RUTSCHKY (1977) versteht es in ihrer Textsammlung eindringlich zu zeigen, gleich, ob sie sich auf SCHREBER, SPIESS, CAMPE, OEST, SULZER oder andere bekannte Pädagogen der sich entfaltenden bürgerlichen Pädagogik zu Beginn der Industrialisierung bezieht, wie die Pädagogisierung und Synthetisierung des Spiels, des Gefühllebens, der Sinnesentwicklung zu einer systematischen Zerstörung der Welt als Lern- und Lebenspotential führte. Nachwirkungen dieser Pädagogisierung finden sich auch noch heute überreich, wenn z.B. Konzepte der Bewegungserziehung (vergl. als ein

Beispiel für viele: FROSTIG 1973) im Rahmen ausgegrenzten Bewegungstrainings verbleiben, aber die Möglichkeiten der Bewegungsentwicklung bzw. der Milderung der Bewegungshemmungen in der konkreten Lebenswelt des Alltags der Kinder überhaupt nicht beachten.
Wie gesagt steht dieser zergliedernden und reglementierenden Spiel- und Bewegungserziehung seit langem das Wissen um die Bedeutung des ganzheitlichen Spielvorganges entgegen.
"Das Spiel verläuft innerhalb gewisser Regeln, es ist gebunden an einen bestimmten Ablauf, es hat Anfang und es hat ein Ende; es hat innerhalb dieser begrenzenden Stücke eine eigene Dynamik, und es ist schließlich innerhalb all dieser Grenzen etwas, was in 'Freiheit' vor sich geht ... Der ganze Prozeß, wie er im Spiel ... sich darstellt, bildet eine Bewegung, die alle von ihr ergriffenen Teile zu einem Ganzen verbinden und als Ganzes in der einmal begonnenen Bewegung erhält und steigert" KUJAWA 1949). Gerade in dieser eigenen Dynamik ist das Spiel aber auch der Routine einerseits und der durchgängigen reglementierenden Planung und Zwecksetzung andererseits entzogen. "Spielen ist nicht nur, daß einer mit etwas spielt, sondern auch, daß etwas mit dem Spieler spielt" (BUYTENDIJK 1933, 117). Sobald wir unser Tun vollständig in der Hand haben, argumentiert BUYTENDIJK, wird es langweilig und zur freudlosen Routine. Er verdeutlicht dies anhand des Kreiselpeitschens, wo der abenteuerliche, immer wieder unentschiedene Kampf mit der Tücke des Objekts das Motiv der Handlung ist. Gerade deshalb sieht die moderne Anthropologie, die davon ausgeht, daß der gesunde Organismus nicht zur Homöostase, sondern zur Spannung neigt, die Unbestimmtheit des Ablaufs und Ausgangs als den eigentlichen Antrieb zum Spielen. Die Überraschung und fehlende Eindeutigkeit und Reglementierung ist die Grundlage des Spiels. So aber ist "Lernen" am und im Spiel überhaupt erst möglich (PIAGET 1972, 1973).
Demzufolge stellt sich die Problematik des Spielens erst dann ein, wenn es der Rentierlichkeit der funktionalen Umwelt und vorgegebenen Zwecken unterstellt wird.
Zur Lebenssteigerung, Lebenserweiterung und Lebensentfaltung hingegen trägt das Spiel nur bei, wenn es dem Bereich der Zwecke und Notwendigkeit enthoben ist. In dieser Gestalt

wird das Spiel anthropologisch als die Überwindung der Zerrissenheit der Existenz des Menschen und als das Anstreben der Harmonie in der Einheit der Person bestimmt. Das Kind, bei dem im Spiel die Zerrissenheit des Seins aufgehoben wird, wird so bereits in der Bibel als der Inbegriff seliger Existenz herausgehoben (Mark. 10, 13-16).

Dieses uralte Wissen wird erst allmählich wieder in den modernen Wissenschaften wie der Ethologie und Motivationstheorie "neuentdeckt".

Für die Ethologie ist das Spiel des Tieres wie des Menschen Verhalten im Appetenzbereich, d.h. eines sich autonom aktivierenden Funktionskreises jenseits starrer Auslösemechanismen: "Es gibt eine deutliche Spielappetenz ... d.h. einen Mechanismus, der ... dazu drängt, neue Situationen aufzusuchen und mit neuen Dingen zu experimentieren. Ein starker motorischer Antrieb kommt dazu. Spielappetenz und Lernappetenz haben wohl eine gemeinsame Wurzel, Spiel ist eine Form des aktiven Lernens" (EIBL-EIBESFELD 1969, 243). Ähnlich wie in der Ethologie wird in der Motivationspsychologie argumentiert. So setzt beispielsweise HECKHAUSEN (1973, 157) fünf Merkmale des Spielens an:

"1. die Zweckfreiheit;
 2. der 'Aktivierungszirkel', d.h. das Aufsuchen eines Wechsels von Spannung und Lösung, der in vielen Wiederholungen abrollt;
 3. die <u>handelnde</u> Auseinandersetzung mit einem Stück real begegnender Welt;
 4. die undifferenzierte Zielstruktur und die unmittelbare Zeitperspektive;
 5. die Quasi-Realität".

In den Diskrepanzerlebnissen oder dem Inkongruenzprinzip in der handelnden Auseinandersetzung mit der begegnenden Welt sieht HECKHAUSEN gar den Motor des Entwicklungsgeschehens. "Darin kann man das Motivierungsgeschehen sehen, das die Interaktion mit der Nahumwelt so unablässig in Gang hält" (1974, 125). Hierdurch stellt sich ein Wechselspiel von Assimilations- und Akkomodationsprozessen ein, durch das die Nahumwelt vertraut und verfügbar gemacht wird.

Spiel und Spielen als handelnde Auseinandersetzung des Kindes mit seiner Umwelt integriert für dieses wichtige Erfahrungs-, Erkenntnis- und Lernprozesse in seiner Persönlichkeitsentwicklung. Hierin findet die für die industriellen Gesellschaften so eigentümliche Trennung von Arbeit und Spiel als sich gegenseitig ausschließende Tätigkeiten nicht statt. Erst diese Trennung von Arbeit (als fremdbestimmte und 'unspielerische' Tätigkeit) und Spiel läßt den Ernst des Spiels 'verspielt' werden - als etwas der Ernsthaftigkeit und Zweckgerichtetheit der Erwachsenenwelt widersprüchlich Gegenüberstehendes. Über diese Ausgliederung des Spiels und der Spielerziehung aus der "ernsthaften" Welt der Erwachsenen wird gleichzeitig das Kind aus dieser Welt ausgegliedert und auf einen spezifisch kindlich-kindischen Lebensbereich verwiesen, wie umgekehrt auch die Vorstellung von der Einheit und Ganzheit des Menschen in der realen Welt nurmehr als Utopie erscheinen kann. "Mit der Ausgliederung der Spielerziehung werden alle sozialisierenden, einübenden Elemente der Spielsituation abgeschnitten. Die Folgen dieses 'Spielabbruchs' ist eine Reduzierung der Persönlichkeitsentwicklung auf kindliche Formen der Umweltbewältigung"(EICHLER 1973, 171). Hiermit stellt sich das zentrale Problem des Spielens in Industriegesellschaften als ein Problem der Sozialentwicklung überhaupt: "Unsere Kinder unterscheiden also ganz falsch zwischen Arbeit, Spiel und Schule: die Arbeit ist für die Erwachsenen, das Spiel für die Kinder, und die Schule ist eine unverständliche, lästige Sache mit einigen Annehmlichkeiten. Aus dieser falschen Unterscheidung entstehen falsche Einstellungen; die Schule, die keine erkennbare Beziehung zum Leben hat, wird mit Gleichgültigkeit behandelt, Arbeit und Spiel werden zu Unrecht auseinandergerissen. Daraus entwickelt sich entweder Angst vor der Arbeit, weil sie lästige Verpflichtung bedeutet, oder Verachtung für das Spiel, weil es kindisch ist"(MEAD 1965, 143). Der Ausgliederung der Spielerziehung entspricht demzufolge die Ausgliederung selbstbestimmter, lustvoller und spielerischer Elemente aus der Arbeit der Erwachsenen.

In diesem Zusammenhang sei bereits hier im Vorgriff auf eine Beobachtung HETZERs (1957, 17, 1966) hingewiesen, die unten in der konkreten Analyse des Freizeitverhaltens von Kindern von entscheidendem Gewicht werden wird, daß nämlich je einfacher die 'Spiele' sind, umso größer der Anteil des affekti-

ven, sozio-kulturell nicht gebundenen Verhaltens in der Freizeit von Kindern und Jugendlichen wird.
In diesem breiten Verständnis kommt dem Spielen für die Sozialentwicklung des Kindes eine Vielzahl von Funktionen zu. SCHERLER (1979) unterscheidet insbesondere die adaptive, expressive, explorative, produktive, kommunikative und komparative. "Die explorative Funktion betrifft die bewußte Wahrnehmung und Erkundung der Umwelt durch Bewegung. Sie beeinflußt die Entwicklung praktischer Intelligenz und den Erwerb materialer Erfahrung ebenso wie die Verbesserung motorischer Gewandtheit und Geschicklichkeit. Die produktive Funktion betrifft die Gestaltung der Umwelt durch Bewegung, die dabei zum Ausdruck produktiven Denkens und kreativer Vorstellung wird" (19).
In dieser Wirkweise stehen die Funktionen natürlich in engstem Zusammenhang und vielfältiger Wechselbeziehung zu den anderen genannten Funktionen. Auch für SCHERLER gilt: "Wahrnehmen, Bewegen und Gestalten sind Formen der aktiven Auseinandersetzung des Menschen mit seiner Umwelt" (18). Der Begriff der Bewegung wird hiermit im Sinne der Sensomotorik (oder Sensumotorik) unter der Vorstellung der Ganzheit des Menschen zum Konzept der menschlichen Handlung ausgeweitet (vergl. VOLPERT 1973; zum Verhältnis von Spiel und "Handlung": KAMINSKI 1983).
Der Körper ist nicht nur ein Ding für den Menschen, sondern er ist auch erlebter Körper. Der Mensch existiert ganzheitlich als Leib. Bewegung ist damit nicht nur Motorik des Körpers, vielmehr drückt sich darin auch die Einheit von körperlichem und seelischem Vollzug aus. Die Bewegung oder Handlung des Menschen, die in ihrer vielgestaltigen Auseinandersetzung zwischen Mensch und Umwelt Sensibilität und Aufmerksamkeit überhaupt erst anregt, bestimmt damit auch die Formen des Wissens und Denkens. "Das Denken wird nicht einfach vom Handeln und das Handeln nicht einfach vom Denken begleitet; das Handeln ist vielmehr ursprüngliche Existenzform des Denkens.
Die primäre Form des Denkens ist das Denken im Handeln und durch das Handeln, ist das Denken, das im Handeln erfolgt und sich in ihm ausdrückt" (RUBINSTEIN 1968, 431).
Die ursprüngliche Form der Sachbegegnung des Kindes, die primäre Form seiner geistigen Auseinandersetzung mit seiner Umwelt ist der handelnde Umgang mit den Dingen.

Der Weg zum Begreifen führt über das Greifen, die Motorik, die Bewegung. Das "Wissen über" Sachverhalte basiert auf dem Erfahrungserwerb im handelnden Umgang mit Dingen.
Bei seinen Tätigkeiten erlebt das Kind unmittelbare Folgen seines Tuns. Es erwirbt so einerseits ein "Wissen um" Geschehnisse, aber gleichzeitig bildet es Handlungsweisen aus, die zu eben diesen Folgen führen. Beim von PIAGET (1973) beschriebenen Murmelspiel spielt das Kind dieses Spiel, weil es mit seinen Freunden etwas zusammen unternehmen will und Spaß an dem Spiel hat, zugleich aber erfährt es während es spielt etwas über Spielregeln. Ebenso eignet es sich im Vollzuge der Spielhandlung konkrete Fähigkeiten und ein bestimmtes Wissen an: beispielsweise, je nach Entfernung, Bodenbeschaffenheit und Gewicht der Kugel Kraft einzusetzen, ein Wissen um das Verhältnis von Einfall- und Ausfallwinkel, indem es sich bemüht, zum Anspielen der Murmeln korrekte Winkel anzuzielen etc.. Es bildet also neben dem Wissen um das Murmelspiel Handlungsdispositionen aus, die als Fähigkeiten zum Erwerb von Erfahrungen, Fähigkeiten zur Orientierung in neuen Situationen, Fähigkeit zur Einsicht in Ursache-Wirkungs-Zusammenhänge, Fähigkeit zur Herstellung von Gleichheit und Verschiedenheit u.a. die gesamte Komplexität der Erfahrungsverarbeitung ausmachen. Diese Gesamtheit der Erfahrungsverarbeitung, in die auch die Grundlagen und -strukturen des logischen Denkens einbezogen sind, entsteht nicht aus einer Anhäufung von abstraktem "Wissen über", sondern aus eben diesen konkreten Operationen, die als geistiges Handwerkszeug verinnerlicht werden und die Bedingungen der Möglichkeit für Orientierungsvorgänge und zur Informationsverarbeitung schaffen. In den konkreten Operationen erwirbt das Kind ein "Handlungswissen" oder "Körperwissen" lange bevor es in der Lage wäre, sich die logische Struktur dieses Wissens kognitiv anzueignen. Ort dieser konkreten Operation ist das Bewegungsverhalten des Kindes und sein Spiel. In den fünf Etappen der Intelligenzentwicklung, die PIAGET (1969, 1972) nennt, wird bereits in der Begrifflichkeit die zentrale Bedeutung der Motorik, der Anschaulichkeit und der konkreten Operation hervorgehoben:

- die senso-motorische Intelligenz
- das symbolisch-vorbegriffliche Denken
- das anschauliche Denken
- die konkreten Operationen
- die formalen Operationen.

Allgemein wird die Bedeutung der senso-motorischen Intelligenz für die Herausbildung der symbolischen Schemata im symbolisch-vorbegrifflichen Denken aber auch für die formalen Operationen unterschätzt. Entsprechend unterschätzt werden auch die Auswirkungen sensorischer Deprivation, die Auswirkungen der Beschränkung der handelnden Auseinandersetzung mit der Umwelt und des "Lebensentzuges" (KÜKELHAUS 1978, ZUR LIPPE 1978) durch fehlende sinnliche Verarbeitung der Lebenswelten. Indem Erfahrungsverarbeitung und Denkoperationen nahezu ausschließlich über abstraktes "Wissen über" ermöglicht wird, wird das Kind von den natürlichen Entwicklungsverläufen seiner Intelligenzausstattung abgeschnitten. Bereits in HERDERs Anthropologie wird dieser Bruch von Natur- und Menschengeschichte mit der Feststellung thematisiert, daß der Mensch "der Invalide seiner höheren Kräfte" sei.
In anderem Zusammenhang weist VESTER (1976) auf die Gefahr des Lebensentzuges durch Reizentzug hin. Er stellt fest, daß es ein notwendiges Maß an Belastung und Anforderung gibt, das dem Organismus Wachstumsreize vermittelt und zur Aufrechterhaltung der Lebenstätigkeit erforderlich ist. Das, was noch in der Anthropologie GEHLENs (1968) oder PLESSNERs (1970, 1975) als "Ersparung" als Ziel und Wert formuliert wurde, wird heute (KÜKELHAUS, ZUR LIPPE) weit eher als der o.a. "Lebensentzug" gefaßt. Der Handlungsrahmen der Phase der sensomotorischen Intelligenz bestimmt nicht nur die Grundstruktur der vobegrifflichen symbolischen Schemata, sondern die Art der Ablösung bzw. Begleitung des intelligenten Verhaltens im Übergang der ersten zur zweiten Etappe zwischen dem 18. und 24. Lebensmonat ist entscheidend für autonomes Verfügen oder aber für Störungen im höheren Lebensalter. Also: wird das symbolische Denken nur abstrakt erworben oder wird der Erwerb symbolischen Denkens auch durch konkrete Handlungen, die das symbolische Denken isomorph abbilden, begleitet (vergl. auch RAUH 1974).
In ihrer Analyse der kognitiven Funktionen konnten BRUNER und GOODMAN (1947) zeigen, daß die praktischen Erfahrungen und der handelnde Umgang mit den Dingen nach sozialen Relevanzsystemen die gesamten Strukturierungsleistungen des Bewußtseins ausrichten (vergl. zu diesem Problem auch: VERNON

1974, STADLER u.a. 1975). Die Forschungsgruppe um SEGALL (SEGALL u.a. 1966) belegt eindringlich, in welchem Ausmaß die Gesamtheit der kulturellen Gegebenheiten die Verarbeitungen der Erfahrungsmöglichkeiten bestimmen. Ihre kulturvergleichenden Betrachtungen gelangen zu der Annahme, daß die Lebenswelt der Europäer und Amerikaner vornehmlich eine "gezimmerte" Welt ist (carpentered-world-These), und die Vorgänge der sozialen und materialen Umweltwahrnehmung und -verarbeitung auf diese gezimmerte Rechtwinkligkeit bezogen sind. Gleich, ob nun die Entwicklung sozialer und emotionaler Dimensionen (ERIKSON 1971), der kognitiven Funktionen (PIAGET 1972, BRUNER 1966), der moralischen Entwicklung (PIAGET 1972) oder der Sprache (MCCARTHY 1954, VYGOTSKY 1965) thematisiert wird, stets wird die Bedeutung des Spiels, der Bewegung und der handelnden Auseinandersetzung hervorgehoben.
Der handelnde Umgang mit materialer und sozialer Umwelt sowie die Intensität des Umgangs wird nach Bedeutungen und Relevanzen strukturiert. Dieses Phänomen wird bereits von Jean ITARD in seinem Gutachten über Victor von Aveyron aus dem Jahre 1801 (MALSON u.a. 1972, bes. 119 ff.) eindrucksvoll belegt.

Systematisch herausgearbeitet wird das Problem von Bedeutung und Relevanz von SCHÜTZ (1971). Besonders in den Kapiteln "Die Einheiten des Sinnzusammenhangs" (124 ff.) und "Die Dimensionen der Lebenswelt" (179 ff.) werden die Sektoren der Lebenswelt nach aktueller Reichweite, potentieller Reichweite, wiederherstellbarer Reichweite und erzielbarer Reichweite in Abhängigkeit zur Ausführbarkeit von Handlungen gesetzt. Nicht von ungefähr wird deshalb in allen ernsthaften Theorien des "Spiels" oder spielerischen Verhaltens die Kongruenz von Kinderspiel und Sozialstruktur herausgearbeitet (vergl. CAILLOIS 1960). Am stringentesten geschieht dies wohl in der Konflikt-Enkulturations-Theorie (SUTTON-SMITH 1975, 1978 dort auch ein Überblick über kulturelle und psychologische Voraussetzungen des Spiels, empirische Untersuchungen und Befunde).

In dieser Theorie wird davon ausgegangen, daß das Kind in seiner Sozialisation typischen Konflikten konfrontiert wird, die dessen Aufmerksamkeit auf expressive Modelle richten,

in denen die Dimensionen dieser Konflikte abgebildet sind. Diese Modelle bilden die Komplexität der Konflikte mikrokosmisch ab, so daß sie für das Kind affektiv und kognitiv faßbar werden.
Einige dieser Modelle geben diese Konflikte nur stellvertretend wieder (z.B. Märchen), Spiele hingegen erlauben die direkte Beteiligung des Kindes. Diese Beteiligung ermöglicht einen Lernprozeß, der durch den Begriff der "Enkulturation" umschrieben wird.
Das "Puffer-Lernen" durch das Als-ob-Abbilden der typischen Konfliktdimensionen im Spiel weckt die Zuversicht im Kinde,

a) Teil des kulturellen Zusammenhangs zu sein,
b) Konflikte bewältigen zu können.

Die hohe enkulturative Funktion der Spiele richtet sich also auf

- soziales Lernen und die
- Stützung des personalen Gleichgewichts.

Die Reduzierung der Spielmöglichkeiten und die Verminderung aktiver Handlungsspiele zugunsten passiven und redundanten Spiels bedeutet damit zwangsläufig

- kulturelle Entfremdung,
- Identitätseinbrüche,
- Motivationsschwächung.

Gerade weil das Kinderspiel so eng mit der Sozialstruktur verbunden ist und damit auch von der gesamten gesellschaftlichen Einbettung des Kindes nicht zu trennen ist, kann nicht nachdrücklich genug auch vor einer "Idealisierung" des Spiels gewarnt werden. Eine solche Idealisierung könnte man beispielsweise HUIZINGA unterstellen, wenn er das Spiel als freie Handlung, außerhalb des gewöhnlichen Lebens stehend, an kein materielles Interesse geknüpft, ohne Nutzen und unernst kennzeichnet (1956, 21 f.). Eine solche Idealisierung, die behauptet, daß Spiel frei sei, freiwillig ausgeübt wird und intrinsisch motiviert ist, weist SUTTON-SMITH entschieden zurück: "Ich möchte auch behaupten, daß die gleichlautenden psychologischen Definitionen im großen und ganzen von der Situation im Kindergarten abgeleitet sind, wo Erwachsene ein bestimmtes räumliches Arrangement mit Spielzeug usw. zur Verfügung stellen und wo unter ihrer Anleitung und Betreuung Kinder angeblich frei sind, ihre Wahl innerhalb eines begrenzten Spielraums zu treffen. Wenn wir Kinder beim Spielen beobachten, sehen wir aber, daß die dort herrschende Freiheit in erster Linie die Freiheit von den Zwängen der Schule ist. Im tatsächlichen Spiel, besonders auf Spielplätzen, gibt es dagegen nur eine begrenzte Wahlfreiheit, und zwar wegen der Verpflichtungen gegenüber Freunden, gegenüber den anderen stärkeren Kindern und so weiter. Ebensowenig finden wir auf den Spielplätzen immer die positiven Affekte, die Bestandteil jeder idealisierenden Definition sind. Negative Affekte sind gar nicht unüblich, weder im Spiel der Naturvölker noch im Sport noch auf den Kinderspielplätzen. Spiel kann deshalb nicht universell als Ausdrucksform von Freiheit oder positiven Affekten gekennzeichnet werden. Es ist auch seltsam, daß gerade Flexibilität als Merkmal des Kinderspiels betont wird, wenn doch die Spielforscher lange gerade auf die traditionelle Rigidität und Routine im kollektiven Spiel der Kinder verwiesen haben. Ebensowenig ist das Spiel auch besonders egalitär. Wenn das Spiel der wichtigste Bereich ist, in dem Kinder ihre Beziehungen der Überlegenheit und Unterordnung herstellen, dann hat es ganz offensichtlich eher hierarchische Züge. Und die Behauptung, daß es nicht ernst und zweckfrei sei, trifft weder auf die Spiele der Naturvölker noch auf die meisten Spiele zu, die auf Kinderspielplätzen gespielt werden, und ganz gewiß auch nicht auf den modernen Sport" (1983, 73 f.). SUTTON-SMITH vermutet, daß die Idealisierung des Spiels mit der Erziehung der Reichen und dem Bemühen um soziale Kontrolle über die Armen zusammenhängt: "Als im 19. Jahrhundert Kinder durch die Straßen strolchten, während ihre Väter in die Fabriken gingen, und die Kinder von ihren früheren Lehrverhältnissen im dörflichen Umkreis oder Familienbetrieb entfremdet waren, haben sich die Reformer zunächst den Schulen zugewandt, um diese unter soziale Kontrolle zu bringen. Aber gleich als zweites haben sie sich, und zwar in der Spielplatz-Bewegung in den ersten zwanzig Jahren dieses Jahrhunderts, der Nutzbarmachung des Mannschaftssports zugewandt, um Vagabunden, Stadtstreicher und moralisch gefährdete Einwanderer unter soziale Kontrolle zu bringen" (1983, 65).

Für Europa allerdings ist diese Wendung des Spielverständnisses, daß mit der Idealisierung des Spiels die faktische Disziplinierung und soziale Kontrolle durch das Spiel verschleiert, historisch weit eher anzusetzen (vergl. RUTSCHKY 1977). KUNZE (1982) stellt diese Entwicklung in einem Versuch einer historisch orientierten Sozialisationsforschung auch in Zusammenhang zum Beginn der Turnbewegung zu Beginn des 19. Jahrhunderts. KUNZE bezieht sich auf eine Studie von SCHLUMBOHM (1981), der zeigen kann, daß es um 1800 für die Kinder auf gesellschaftlich wenig oder gar nicht definierten bzw. kontrollierten Bereichen, "auf der Straße, auf Plätzen und Friedhöfen, bei Wällen und Gräben, vor den Toren der Stadt eine Welt (gab), in der Kinder in lockeren oder festeren Gruppen weitgehend nach ihren eigenen Regeln und Gesetzen sich bewegten und handelten ... Eigene Regeln und Gesetze hatte dies Zusammenleben der Kinder auch bei den unscheinbaren Spielen" (SCHLUMBOHM, zitiert nach KUNZE 1982, 29). In den Riegen des geordneten Turnbetriebes wurde u.a. auch versucht, das wilde und ungeordneten Treiben der Kinder zu pädagogisieren und damit auch zu kontrollieren. Die nichtkontrollierten Spiele der Kinder aber, die sich - gerade weil sie im konrekten gesellschaftlichen Leben der Kinder verankert sind - nicht mit den idealisierenden Spielstrukturen fassen lassen, bewahren ihre subversive Kraft und können sich in ihrer Eigengesetzlichkeit auch gegen die disziplinierende und einengende intentionale Erziehung durchsetzen. Was aber ist, wenn die Spielgelegenheiten der Kinder immer mehr normiert, eingeengt, sozialer Kontrolle unterworfen oder den Kindern ganz entzogen werden?

## 4. Soziale Räume

Im Zusammenhang dieser Überlegungen ist es an der Zeit, die sozialräumlichen Gegebenheiten des Freizeit-, Spiel- und Bewegungsverhaltens von Kindern zu thematisieren. Sozialräumliche Gegebenheiten bestimmen in entscheidendem Maße die in ihnen möglichen und stattfindenden Aktivitäten und sozialen Beziehungen. Wie stark sie darüber hinaus für den gesamten Rahmen der Ralitätsverarbeitung verantwortlich sind, verdeutlicht bereits PLATO in seinem berühmten Höhlengleichnis (Politeia, Siebentes Buch, 514 a - 519 d): "Stelle dir Menschen vor in einer unterirdischen, höhlenartigen Wohnstätte mit lang nach aufwärts gestrecktem Eingang, entsprechend der Ausdehnung der Höhle. Von Kind auf sind sie in dieser Höhle festgebannt mit Fesseln an Schenkeln und Hals; sie bleiben also immer an der nämlichen Stelle und sehen nur geradeaus vor sich hin, denn durch die Fesseln werden sie gehindert, ihren Kopf herumzubewegen. Von oben her aber aus der Ferne leuchtet hinter ihnen das Licht eines Feuers. ... Können denn zunächst solche Gefesselte von sich selbst und voneinander etwas anderes gesehen haben als die Schatten, die von dem Feuer auf die ihnen gegenüberliegende Wand der Höhle geworfen werden? ... Wenn sie nun miteinander reden könnten, glaubst du nicht, daß sie der Meinung wären, die Benennungen, die sie dabei verwenden, kämen den Dingen zu, die sie unmittelbar vor sich sehen? ... Durchweg also würden diese Gefangenen nichts anderes für wahr halten als die Schatten der künstlichen Gegenstände. ... wenn einer von ihnen aus den Fesseln befreit und genötigt würde, plötzlich aufzustehen, den Hals umzuwenden, sich in Bewegung zu setzen und nach dem Licht emporzublicken und alles dies nur unter Schmerzen verrichten könnte und geblendet von dem Glanz nicht imstande wäre, jene Dinge zu erkennen, deren Schatten er vorher sah, was, glaubst du wohl, würde er sagen, wenn man ihn versicherte, er hätte damals lauter Nichtigkeiten gesehen, jetzt aber sei er dem Seienden näher gerückt ... und sehe deshalb richtiger? ... Meinst du da nicht, er werde weder aus noch ein wissen und glauben, das vordem Geschaute sei wirklicher als das, was man ihm jetzt zeige?"

Es fällt schwer, sich das Leben in der Höhle nicht als eine frühe Beschreibung der Lebenswelt der Kinder in den sozialräum-

lichen Gegebenheiten industrialiserter Gesellschaften vorzustellen. Es gilt also, auf die Struktur, Organisation und Nutzung dieser Räume zu achten. "Wenn der physische Raum in soziologischer Perspektive als die 'Möglichkeit des Beisammenseins' gedeutet wird, dann bedeutet die Organisation dieses Raumes ... eine Vorstrukturierung dieser Möglichkeit; das heißt, es wird so ein Entscheid darüber gefällt, wer mit wem an welchem Ort und in welcher Art in soziale Beziehungen eintreten kann ..." (HAMM 1973, 105; fast wörtlich so: HERLYN und HERLYN 1976, 35). Auch wenn einzelne Bereiche "in ihrer materiellen Tatsächlichkeit nicht durch menschliches Handeln zustande kommen, so sind sie in jedem Fall nur mit Hilfe des Symbolvorrats einer Kultur ... erkennbar"(BAHRDT 1974, 20). Lebensraum kann also in keinem Fall als "Naturraum" verstanden werden, vielmehr ist er im Hinblick auf kulturell erwartetes und gesellschaftlich produziertes Verhalten gestaltet und architektonisch angeordnet. Deshalb sollte man nach BAHRDT "nicht von einer räumlichen und sozialen Umwelt sprechen ... sondern von einer Umwelt reden, ... die immer zugleich räumlich und sozial ist, wobei die Durchdringung von Sozialem und Räumlichen sehr vielschichtig sein kann" (a.a.O. 22).
Die Einbezogenheit oder Ausgeschlossenheit von Nutzungen oder möglichen sozialen Kontakten ist nicht zuletzt allein schon dadurch gegeben, daß es durch Alltagsroutine eingeschliffene Nutzungsgewohnheiten gibt, die sich besonders an "sinnvollen" Entfernungen, Art der Erreichbarkeit u.a. ausrichten. Bestimmte Einrichtungen werden nur von solchen Bevölkerungsgruppen genutzt, die sie "fußläufig" erreichen können. Personen, die Räume für bestimmte Aktivitäten nicht in zumutbaren und von ihnen subjektiv als vertretbar perzipierten Gehzeiten erreichen können, sind vollständig von diesen Aktivitäten ausgeschlossen.

Ein anschauliches Schema für sinnvolle Geh- und Fahrbereiche, woraus sich auch der Standort-Wert einer Wohnung bemißt, entwickelte der Architekt Josef LEHMBROCK (vergl. CONRADS 1974, 98, HERLYN und HERLYN 1976, 103):

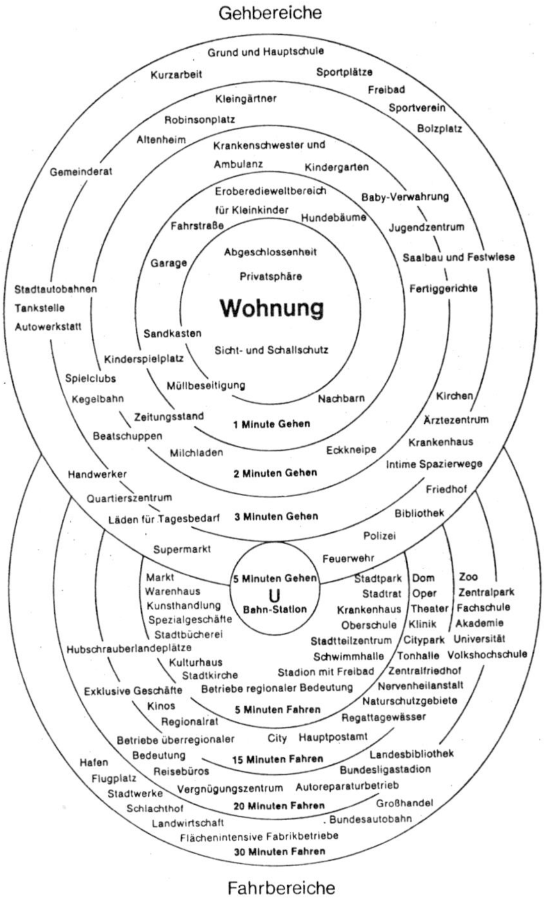


Für Kinder verschärft sich der angesprochene Gesichtspunkt der Einbezogenheit oder Ausgeschlossenheit von Nutzungsmöglichkeiten dadurch, daß sie für ihre spielerischen Aktivitäten nicht nur nahezu ausschließlich auf Gehbereiche angewiesen sind, sondern durch Eltern oder andere Aufsichtspersonen in der Regel

auch auf Sichtkontakte festgelegt werden. Den sozialräumlichen Gegebenheiten kommt damit im Kindesalter ein überaus wichtiger Stellenwert im Sozialisationsprozeß zu. Wird Sozialisation als lebenslanger Lern- und Entwicklungsprozeß verstanden, so ist davon auszugehen, daß im Erwachsenenalter dem Faktor Arbeit ein unmittelbarer und bestimmender Einfluß auf den gesamten Lebenszusammenhang und damit auch auf die Freizeit zukommt (vergl. u.a. HANHART 1974), vermittelt durch Zeitbudget und körperliche und psychische Beanspruchung sowie durch den erlebten sozialen Status, der sich in Einkommen, Finanzbudget und Wohnsituation sichtbar ausdrückt. In der kindlichen Sozialisation treten diese Faktoren zurück und werden höchstens durch Einstellungen, Erziehungshaltungen und allgemeine Verhaltensstile der Eltern vermittelt. Festzuhalten ist allerdings, daß sich dies nicht nur in einer abstrakten symbolischen Vermittlung vollzieht, sondern auch direkt niederschlägt. So weist z.B. BECKER (1964) darauf hin, daß sich ein direkter Zusammenhang zwischen zunehmender Milde in der Kindererziehung und der Anzahl der Wohnräume feststellen läßt, der nicht erst über Schichtzugehörigkeit und Erziehungseinstellungen vermittelt ist.
Für den Sozialisationsprozeß in der Kindheit kommt aber den sozialräumlichen Gegebenheiten entscheidende Bedeutung zu, da diese es sind, die durch die oben angesprochene Organisation und Struktur der Räume die in ihnen möglichen und stattfindenden Aktivitäten und sozialen Beziehungen selektiv bestimmen. Die primären Lebensräume von Kindern befinden sich im Bereich der Wohnung und des näheren Wohnumfeldes; damit finden die im Spiel enthaltenen persönlichkeitsbestimmenden Lern- und Erfahrungsprozesse eben dort statt. Hierbei läßt sich feststellen, daß in bezug auf Umwelterfahrung von Kindern der Häufigkeit und Art von Interaktion zwischen Kind und Umwelt eine weit gewichtigere Rolle zukommt als etwa Alter, Geschlecht oder die Schichtzugehörigkeit. Diese spielen allerdings ihrerseits eine gewichtige intervenierende Rolle. In dem Maße, wie die Gegebenheiten von Wohnung und Wohnumfeld sozial unterschiedlich sind und die Nutzungsgewohnheiten diese Gegebenheiten nach sozialen Schichten differieren (vergl. KLEIN und LIESENHOFF 1982), divergieren auch die sozialräumlich vermittelten Lernprozesse

schichtspezifisch. So erfährt das Kind seine soziale Position zunächst über den Sozialraum, in dem es lebt. Wenn eingangs des Kapitels davon die Rede war, daß durch räumliche Organisation bestimmte Nutzungsgewohnheiten und Kommunikationsmöglichkeiten vorstrukturiert werden, so hängt individuell diese Vorstrukturierung auch davon ab, inwieweit sich die jeweiligen Nutzungen um die alltäglich gewählten Wege gruppieren, inwieweit sie innerhalb bestimmter unpassierbarer Schranken liegen, inwieweit die entsprechenden Wege mit Erlebnissen bzw. auffälligen, interessierenden Merkmale 'markiert' sind etc.. Wie sich dies für das Kind in der Stadt konkretisiert, beschrieb Martha MUCHOW in ihrer Untersuchung aus dem Jahre 1932, die mit kleinen Abwandlungen auch heute noch Gültigkeit besitzen dürfte: "Im Grunde (...) lebt auch das Großstadtkind 'wie auf dem Dorfe' und kommt meist nicht sehr weit herum. Mehr oder weniger eng um die Wohnung und die Wohnstraße gelagert, breitet sich der Lebensraum der Kinder von diesem Zentrum aus schichtenförmig aus. Dabei sind die zentralen Schichten meist ringförmig um den Wohnbezirk gelagert und engmaschig gebaut, während die peripheren vornehmlich strahlenförmig nach allen Richtungen verlaufen und meist locker gefügt sind. Die 'Dichte' der Fügung ist von mehreren Faktoren abhängig. Einmal natürlich von der Entfernung vom Wohnbezirk, aber das gilt doch nicht durchgängig. Zum anderen von den vorhandenen Naturgrenzen; die nördlich und südlich des von uns untersuchten Wohngebietes (Barmbek in Hamburg/Anm.d.Verf.) sich erstreckenden Kanaltrakte, ebenso wie der im Osten von ihm führenden Bahndamm wirken raumgliedernd, und jenseits von ihnen lockert sich das Gefüge der Lebensräume. Noch deutlicher ist das bei dem die Gesamtstadt in zwei Hälften scheidenden, seeartig erweiterten Fluß; über diese Naturgrenze hinaus erstrecken sich die Lebensräume selten und dann nur in ganz lockerer Fügung. Von 'erwachsenen' Gegebenheiten im Stadtgebiet hängt die Struktur kindlicher Lebensräume keineswegs ab. Sie wird dagegen bestimmt durch Geeignetheit als Spielgelände, Spielplatznähe, Bebauungsart, Nähe zum kindlichen Erleben usw."( MUCHOW und MUCHOW 1978, 93). Es läßt sich herauslesen, daß der Raum im kindlichen Leben anders strukturiert ist als in späteren Jahren. Er ist stark von Wegen und Grenzen bestimmt, wird nach Verstecken, Schlupfwinkeln und anderen besonderen Plätzen, Spielgelegenheiten etc. beurteilt.

Von solchen Elementen wird die Reichweite kindlichen Handelns und Bewegens entscheidend geprägt. Dabei ist gegenüber der Zeit, in der Martha MUCHOWs Untersuchungen durchgeführt wurden, ein Anwachsen der von ihr als Naturgrenzen bezeichneten Schranken des kindlichen Lebensraumes sowie eine Zunahme von deren Unpassierbarkeit zu verzeichnen: Bahndämme, Verkehrswege bzw. Straßen etc.. Wenn KNAUER (1979, 181) feststellt, daß für 2/3 der unter Fünfzehnjährigen die Straße nach wie vor als wichtigste Spielfläche dient, so sind diese durch die Zunahme dieser Schranken in der Wahrnehmung ihrer bevorzugten Spielflächen in unzumutbarer Weise eingeschränkt: Der Deutsche Verkehrssicherheitsrat stellt z.B. im Rahmen seiner Aktion "Kinder helfen Kindern" (1980) fest, daß das Überqueren der Fahrbahn Kinder im Alter bis zu 15 Jahren oft vor unlösbare Schwierigkeiten stellt. Die Unfallstatistik des Jahres 1979 belegt dies in makabrer Weise: 26 000 Kinder im Alter bis zu 15 Jahren verunglückten in diesem Jahr beim Überqueren der Fahrbahn. "Die Statistik spricht hier eine ebenso deutliche wie traurige Sprache:

- Vor allem im Frühjahr steigt die Anzahl der Kinderunfälle.
- Bei Kindern bis zum 7. Lebensjahr steigt die Anzahl der Unfälle rapide an.
- Die meisten dieser Unfälle ereignen sich zwischen 15 und 19 Uhr beim Spiel auf der Straße.
- Nur 10 Prozent der Kinder verunglücken auf dem Schulweg" (POLZIN u.a. 1975, 154).

Ebenso ist das Kind zumindest bis zum Alter von ca. 9 Jahren nicht in der Lage, sich den Raum in seiner Vorstellung so zu strukturieren, daß es z.B. die 'Schlupflöcher' (Unter- oder Überführungen) durch Bahndämme mühelos findet.

PIAGET (1974) kommt beispielsweise in seinen Untersuchungen zu dem Schluß, daß das Kind in diesem Alter zwar in der Lage ist, Reihenfolgen und Routen nachzuvollziehen, aber noch außerstande ist, sie umzukehren, hypothetisch mit ihnen umzugehen oder sie wesentlich zu erweitern.

Der Lebensraum des Kindes in der Stadt beschränkt sich folglich primär auf das innerhalb solcher Grenzen gelegene Feld, also auf einen Bereich in unmittelbarer Nähe der Wohnung und der Wohnstraße; außerhalb dieses primären Lebensraumes gelegene

Nutzungen und Flächen dürften im Alltag der Kinder eine höchstens untergeordnete Rolle spielen. Wenn bisher von Umwelt oder städtischer Umwelt gesprochen wurde, so ist dies folglich auf diesen primären Lebensbereich zu spezifizieren; er ist es, in dem die im Spiel enthaltenen Lern- und Erfahrungsprozesse stattfinden. Verstärkt werden diese quantitativen Einschränkungen der Lebens- und Spielräume der Kinder durch qualitative Eingriffe, die sich unabhängig von der sozialen Lage der Kinder in "Parzellierungen" (LEFÈBVRE 1972) und Funktionalisierung der sozialen Räume ausdrücken. Die funktionale Trennung von Lernen, Arbeit und Lebensernst einerseits und Spiel und Freizeit andererseits wird in der inhaltlichen Untergliederung auf sozialräumlicher Ebene abgebildet. Kinder werden damit einer funktionalen Desintegration verschiedener Tätigkeiten und Handlungsfelder in ihrer Raumzuordnung konfrontiert, die ihrer unmittelbaren Lebensweise und Erlebnisform widerspricht. Die für Kinder integrierte Einheit von Spielen, Bewegung und Lernen wird auf verschiedene soziale Räume und deren je spezifische Nutzung funktional desintegriert:

Schule - Lernen<br>
Spielplatz - Spielen<br>
Sportplatz - Bewegung<br>
Jugendeinrichtung/Jugendverband - Begegnung/Kommunikation

Hierbei ist die Funktionszuweisung für diese einzelnen Räume und Flächen umso stärker und strikter durchgehalten, je knapper der absolut zur Verfügung stehende Raum ist; am striktesten also in Großstädten und Ballungszentren.
Sehr zu recht weist also CONRADS darauf hin (1974, 12 f.), daß das Spiel aus den Städten vertrieben ist, nicht weil der Ernst des Lebens für sich genommen der Widerpart des Spiels ist, sondern vielmehr die zergliedernde Vernunft des analytischen Sachverstandes.
Die den einzelnen Räumen und Flächen zugeordneten Nutzungen entsprechen den in ihrer Planung zum Tragen kommenden gesellschaftlich definierten Prioritäten. Die an ökonomischen Prinzipien der Rentierlichkeit orientierten Maßstäbe der Raumplanung gruppieren die Flächennutzungen um die Funktionsbereiche Produktion und Arbeit sowie die funktional

davon abgegrenzten Wohnbereiche und die ökonomischen Verbindungslinien zwischen diesen zwei Funktionsbereichen, also den schnellsten Personennahverkehrswegen. ZILLING (1979, 6) diagnostiziert einen "Zusammenhang vom ökonomischen Credo der Stadtplanung und der damit einhergehenden Verödung von Städten. Sie signalisieren zugleich ein internationales Problem, was nicht allein gesellschaftspolitisch fixiert ist". Und: "Die Folgen des Funktionalismus in unseren Städten (sind) unübersehbar: Die räumliche Überlagerung konkurrierender und infrastruktureller Nutzungen in Städten führt zu gewaltigen baulichen Verdichtungen und Zäsuren durch den Verkehr."

Die Attraktivität des Personennahverkehrs schafft "Insellagen" mitten in der Stadt und schneidet diese Inseln von dem Rest der Stadt ab. Zudem wird "die Straße" als Kommunikations- und Lebensraum zerstört, da sie bei Planungsprozessen nur noch in ihrer Funktion als schnellstmögliche Verbindungslinie begriffen wird. Besonders betroffen sind von dieser Entwicklung der Inselbildung Personen, die in irgendeiner Weise (bewegungs-)behindert sind - also insbesondere ältere Menschen - oder solche, die nicht ohne weiteres und ohne schwerwiegende Folgen der "Rationalität" des Verkehrs zu unterwerfen sind - also insbesondere Kinder. Kampagnen wie "Damit müssen Sie rechnen" für Autofahrer belegen nachdrücklich, wie wenig Kinder in die Logik des Verkehrs passen. In den ökonomischen Planungsprinzipien der Flächenplanung werden die Flächen und Räume für Kinder, die jeder Rentierlichkeit am entferntesten stehen, zumeist zu puren Nebenprodukten städtischer Raumplanung. "Die Flächenaufteilung nach funktionalen Kriterien bestimmt das Aussehen der heutigen Stadt. Flächen des Wohnens und Arbeitens stehen Flächen für die Erholung gegenüber. Analog diesem Prinzip erfolgte auch eine Drittelung des kindlichen Milieus in die Bereiche: Wohnung, Schule, Spielplatz. Die Begrenzung des Kindes auf Spielreservate im Wohnumfeld entspricht in funktionaler Hinsicht der Wohnung: Das Kind wechselt den Ort, wenn es, wie von seinen Eltern gewünscht, spielen geht" (ZILLING 1979, 8). Allerdings ist für den Fortschritt des Kindes in der Umweltexploration die "Natürlichkeit" der und die Vertrautheit mit der Umwelt ein eintscheidender Faktor.

So weist beispielsweise HETZER (1957) darauf hin, daß Kinderspiele auf Naturspielplätzen den höchsten Komplexitätsgrad erreichen und dort auch die meisten Gruppenspiele zu beobachten sind. Naturspielplätze sind aber in Städten die absolute Ausnahme, während sie auf dem Lande noch gelegentlich anzutreffen sind.
Ebenso fehlt den geplanten Spielräumen der Stadt die Vertrautheit für die Kinder. Bereits vor 15 Jahren stellte HETZER (1966) fest, daß in der Stadt lediglich 38 Prozent der Spielplätze wohnungsnah gelegen sind, gegenüber 61 Prozent der Spielplätze auf dem Lande. Darüber hinaus mangelt es ihnen aber besonders der lebensweltlichen Einbettung in den Alltag der Kinder. CONRADS (1974, 160 ff.) demonstriert, daß Kinder die großen Grünflächen zwischen den hohen Bauten des Wohnungsbaus als leere, tote Flächen sehen und erleben. Das vereinzelt Stehende wird nicht zu einer begreiflichen Stadtgestalt zusammengefügt. Gespielt wird daher vornehmlich auf wohnungsnahen "Resträumen": Hinterhöfen, Baulücken, Bebauungsinseln und -rändern.
"Kinder spielen überall dort, wo sie sich spontan oder über längere Zeit heimisch fühlen. Sie spielen dagegen nicht oder vielleicht nur aus Mitleid mit den Erwachsenen an den Stellen und Plätzen, wo sie spielen sollen oder müssen"(ZILLING 1979, 10). Im wesentlichen sind Kinder also auf die Räume verwiesen, die ihnen entfernungsmäßig am nächsten liegen und in bezug auf "Spielen" am wenigsten definiert sind: Straßen, Höfe, Parkplätze, höchstens noch Parkanlagen und andere Freiflächen, die ihnen von der Alltagseinbettung und der daraus resultierenden Vertrautheit her die größten Möglichkeiten zu Spiel und sozialer Interaktion einräumen. Allerdings sind diese Möglichkeiten auch hier durch die diesen Räumen zugeschriebenen Nutzungen und der dieser zugeschriebenen Nutzung entsprechenden Ausstattung eingeschränkt und lassen von daher in der Regel nur monotones und redundantes Spiel mit geringem Explorationswert zu. Mit diesem Spielen auf diesen Räumen und Flächen ist daher nahezu ausschließlich zuergliedertes und situatives Lernen möglich, das entscheidend durch die diesen Flächen zugeschriebenen Nutzungen bestimmt wird.

Ein Lerntransfer ist so gut wie ausgeschlossen, da sich die verschiedenen Situationen bezüglich ihrer Handlungsanforderungen stark unterscheiden und zudem die einzelnen Lernfelder desintegriert sind. Umweltexploration, Kreativität, Bewegungsreichtum und autonomes Lernen können unter diesen Spielbedingungen kaum so erworben werden, daß sie in künftiges Handeln integriert werden können.
So ist es insbesondere die Zerstückelung, Parzellierung und Aufspaltung des Alltags nach Funktionsbereichen, das die Vertrautheit der Spielsituationen in der Freizeit zerstört und ihnen damit die persönlichkeitsbildende Kraft nimmt (vergl.: LEFÈBVRE 1968, HAMMERICH und KLEIN 1978). "Das technokratische Planungsverständnis von Freizeit hält sich an die gesetzlich sanktionierte Trennung der Funktionen Sport, Kultur und Grün. Die Stadt als Gesamtraum wird planerisch zerlegt, übergreifende Vorstellungen können von der funktions- und ressortorientierten Planung nicht vertreten werden. Der alltägliche Erlebnisraum des Bürgers wird kaum als Gesamtraum begriffen und nicht begreifbar gemacht, da entsprechend der soziologischen 'Parzellierung' überall eine gewisse Verhaltensspezialisierung erwartet wird.
Rentabilitätsgründe und Zentren-Ideologie drängen derzeit die innerhalb der traditionellen Freizeitfunktionen mögliche räumliche und inhaltliche Variationsbreite zusammen auf kompakte Freizeit-Gegenwelten, deren Einseitigkeit von Begriffen wie Kommunikation und Multifunktionalität verdeckt wird.
... Räumlich und bewußtseinsmäßig sind die Stadt und der Alltag in ihr fragmentarisiert. Das Begreifen von Zusammenhängen wird damit blockiert" (LENZ-ROMEISS 1974, 292).
Es wäre nun allerdings ein Irrtum anzunehmen, daß die Einschränkung der Bewegungsmöglichkeiten, der Abbau von Räumen, die ein sozial integriertes Spiel zulassen u.a. lediglich ein Problem von Kindern in der Großstadt ist, wie es häufig beschrieben wird (u.a. MACKENSEN u.a. 1959, MITSCHERLICH 1971,

BAHRDT 1968, LENZ-ROMEISS 1970, LEFÈBVRE 1972, WARD 1977), oder auch von Kindern in westlichen Industrieländern. Es handelt sich vielmehr um ein umfassendes Problem der sich industrialisierenden Staaten.

So zeigt beispielsweise eine rumänische Untersuchung von MIHAILA und FIREA (vergl. KLEIN 1973) über den Wandel der Spielpräferenzen und Spielformen in vierzig Jahren (1932/1972) aus einer Vielzahl von bemerkenswerten Ergebnissen, daß 1932 gegenüber 1972 eine größere Häufigkeit von Spielen überhaupt beobachtet wurde und daß 1972 größere Unterschiede im Spielverhalten von Jungen und Mädchen festzustellen sind als 1932. Die in diesem Zusammenhang von FARKAS unternommene Untersuchung von traditionalen und neuen Spielformen hinsichtlich der Häufigkeit ihres Vorkommens und ihrer sozialen Kontexte ergab, daß die sozialen Beziehungen zwischen den Kindern in traditionalen Spielformen komplexer und dichter sind als die in den neuen. Eigene Beobachtungen bestätigen dies Ergebnis auch für die Bundesrepublik Deutschland. Hinzu kommt, daß die feinmotorischen Anforderungen in den neuen Spielformen geringer sind und diese auch weniger auf großräumige Spielstrategien hin angelegt sind. Es scheint hier eine weltweite geistige und politische Entwicklung vorzuliegen, die auf unbeschränktes wirtschaftliches Wachstum und Ausbeutung der Natur ausgerichtet ist und einen bestimmten Lebensstil konstituiert, der einseitig auf formale Leistung, ratlose passive Anpassung, Konsumdenken und Konsumsteigerung ausgerichtet ist (vergl. KLEIN 1980). Die Anpassung an diesen Lebensstil vollzieht sich besonders durch eine Disziplinierung des an Emotionen gebundenen Bewegungsverhaltens (vergl. FORSCHUNGSKREIS ... 1979, RUMPF 1981 u.v.a.m.). Zu den Disziplinierungsinstrumenten, die von besonders weitreichender Auswirkung sind, sind neben Sozialisationstechniken und Erziehung, in denen eine Unterdrückung von spontanem und expressivem Bewegungsverhalten vonstatten geht, und den Medikamenten, mit denen in wachsendem Maße auch Kinder "ruhiggestellt" werden, auch die sozialräumlichen Umwelten zu rechnen, in denen sich die Logik der industriellen Verwertungsprinzipien in ihren funktionalen Räumen und rentierlichen Flächen als kulturelle Objektivationen

konkret durchsetzt.
Die quantifizierende Rationalität der Produktion korrespondiert mit einer Mechanisierung und Durchrationalisierung der Lebensweise. Für die Lebenswelt der Kinder schlägt sich dies beispielsweise sichtbar in mechanischem, technisch perfektem Spielzeug nieder, das komplexes, problemlösendes Spielverhalten gar nicht mehr zuläßt, dafür abstrakte, inhaltsleere Bewegungsformen erfordert, die nicht mehr auf konkrete Inhalte der Umweltexploration und Auseinandersetzung mit der Umwelt gerichtet sind. Die Überkompensation der Kinder in hypernervöser Motorik bzw. Apathie läßt sich als Schutzmechanismus verstehen, der in der Zurückweisung der ihnen zugemuteten Zustände besteht. Offensichtlich stellt sich das Paradoxon ein, daß die großräumig ausgelegte Perfektionierung der Kommunikationskanäle - z.B. des Fernsehens und der Verkehrswege - zu einer Verkümmerung der unmittelbar sozial relevanten Kommunikation in den menschlichen Mikrowelten führt. Die sitzende Lebensweise und die Lähmung von Bewegungsimpulsen schlägt sich schon heute in tiefgreifenden Bewegungszerstörungen nieder (vergl. FORSCHUNGSKREIS ... 1979), die Parzellierung von Spielräumen durch Verkehrswege führt nicht nur in der Stadt, sondern auch deutlich sichtbar an den durch die Dörfer führenden Schnellstraßen auf dem Lande zu einer Reduzierung der Mikrowege der unmittelbaren zwischenmenschlichen Verkehrsformen.
Eine quantitative Veränderung durch eine bloße Vermehrung der Freizeiteinrichtungen und Spielflächen für Kinder kann in diesem Dilemma keine Lösung beinhalten. Lediglich quantitative Veränderungen verharren in einer Desintegration der Lebensbereiche und -räume und lassen Strukturen unangetastet, die bei einigen Einrichtungen zu unzureichender Nutzung, bei anderen Einrichtungen zu einer gewissermaßen zwangsweisen Benutzung führen. So kann die Feststellung kaum verwundern, daß in vielen Gebieten die vermehrte Ausstattung mit Einrichtungen nicht zu einer Vermehrung der Nutzung geführt hat. Als ein Beleg für viele sei darauf verwiesen, daß beispielsweise in Köln sich die Zahl der Hallenschwimmbäder in den letzten 15 Jahren vervierfacht hat, die Gesamtzahl der

Besuche auf das Jahr berechnet aber nahezu kostant geblieben ist und in den letzten Jahren sogar zurückgeht.
Als Perspektive kann dies aber nur bedeuten, "daß in Zukunft weniger neu geplant und gebaut, sondern vielmehr der Bestand verbessert wird und als Grundlage sinnvoller Ergänzung dient" (HALLMANN 1979, 21). Hierüber ist sich offensichtlich die Theorie der Planung einig. Sinnvolle Ergänzung sollte dabei im Sinne einer besseren Nutzbarmachung und damit letztlich in einer stärkeren Integration der Wohn-, Lebens- und Spielbereiche verstanden werden. Hierbei wären Einrichtungen und Flächen nicht nur durch die materiale Gestaltung, sondern vor allem auch durch die Ermöglichung sozialer Nutzung als Bewegungsräume auszuweisen.
"Ein erster Schritt zur Erschließung alltäglicher Umwelt als Bewegungsumwelt ist die Suche nach neuen Bewegungsräumen. Zielsetzung dieser Suche muß sein, Spiel und Sport stärker in alltägliche Lebensvollzüge zu integrieren. Daß Kinder und Jugendliche gerne in ihrer unmittelbaren Wohnumwelt spielen und entlegene Spiel- und Sportplätze wenig nutzen, weist abgeschlossene, hochspezialisierte Bewegungsräume als pädagogische Fehllösungen aus. Mehr Bewegungs- und Spielraum zu schaffen, muß heißen, ihn in Wohn-, Arbeits- und Lernräumen zu etablieren und nicht außerhalb davon" (SCHERLER 1979, 19).

## 5. Primäre Lebensräume

Die primären Lebensräume von Kindern befinden sich im Bereich der Wohnung selbst und in unmittelbarer Wohnungsumgebung. Vor allem in den ersten Lebensjahren ist das Kind stark auf die Wohnung selbst fixiert. Mit zunehmendem Alter wird es mobiler, erschließt sich die Räume im näheren Umfeld der Wohnung und erobert sie für sich als Bestandteile seiner Lebenswelt. Wie bereits betont, vollzieht sich diese Umweltexploration vornehmlich durch das Spiel des Kindes. Wie günstig oder ungünstig primäre Lebensräume für das Spiel- und Freizeitverhalten des Kindes und damit für seine kognitiven und sozialen Lernprozesse sind, müßte aus multidimensionalen Merkmalen zusammengesetzt werden. So hängt die Eignung der Wohnung von der Zahl der Räume, der Größe der Räume, der Anzahl der Personen pro Wohnung oder Raum und der Qualität der Wohnung ab; die Eignung der unmittelbaren Wohnungsumgebung hängt in erster Linie von der Zahl der Geschosse des Hauses, der Einwohnerdichte der unmittelbaren Umgebung, der Bebauung in unmittelbarer Umgebung des Hauses und der nachbarschaftlichen Einbettung ab. Nun haben Kinder bekanntlich keinen eigenen Einfluß darauf, in welchen Wohnvierteln, Haustypen und Bebauungsarten sie aufwachsen, vielmehr wird Wohngegend und Wohnung durch die Eltern bestimmt. Primäre Lebensräume haben insofern sozial selektiven Charakter, als die Sozialschicht der Eltern für die Kinder über die o.a. Qualitätskriterien der primären Lebensräume zum Tragen kommt und zur Lernerfahrung wird.

Eine mögliche Anlayse dieses Sachverhaltes und der Situation der Kinder in primären Lebensräumen ist in ganz Nordrhein-Westfalen durch den überaus mangelhaften Datenbestand erschwert. Gerade für die für die Spielwelt der Kinder besonders wichtigen Kriterien liegen so gut wie keine Informationen vor. So gibt es zwar Angaben über die Anzahl von Räumen pro Wohnung und über die Zahl der Räume pro Person, nicht aber über die Größe der Räume; es gibt Angaben über Geschoßflächenzahl, die allerdings auf das Grundstück berechnet wird, und über die durchschnittliche Anzahl der Wohnungen pro Haus, nicht aber über die tatsächliche Geschoßhöhe von Häusern. Auch liegen die verfügbaren Daten in der Regel nur für ganze

Orte oder in Großstädten auf Stadtteile und -bezirke berechnet vor, was für detaillierte Aussagen keine Möglichkeit läßt. Um somit zumindest Tendenzen aufzeigen zu können und um eine Interpretation der in Nordrhein-Westfalen ermittelten Werte im folgenden Teil der Arbeit wenigstens ansatzweise zu ermöglichen, mußte auf andernorts und von anderen Autoren vorgenommene Untersuchungen zurückgegriffen werden. Dabei läßt sich auf der Basis von deren Ergebnissen in Verbindung mit den in den Recherchen zu dieser Arbeit festgestellten Extremwerten der Schluß ziehen, daß die ermittelten Daten in den untersuchten Regionen aufgrund der großflächig angelegten, quantifizierenden Meßweise der amtlichen Statistiken tatsächliche qualitative Unterschiede zuungunsten vor allem unterer sozialer Schichten sowie kinderreicher Familien einebnen. Das heißt umgekehrt: wenn man von großflächig erhobenen Daten zur Analyse des unmittelbaren Lebensraumes übergeht, stellt sich die Situation unterer sozialer Schichten und kinderreicher Familien erheblich ungünstiger dar, als man nach den Globaldaten meinen könnte. Der Zusammenhang von den o.a. Qualitätskriterien der primären Lebensräume zu durchschnittlichem sozialen Schichtniveau stellt sich somit als sehr uneinheitlich und verworren dar. Lediglich in den Extrembereichen lassen sich eindeutige Zusammenhänge feststellen:
In Köln beispielsweise sind die Stadtteile und Stadtbezirke mit dem niedrigsten Sozialindex - also mit den Einwohnern der niedrigsten durchschnittlichen Schichtzugehörigkeit - zugleich die Regionen mit der geringsten Raumzahl pro Person, den meisten Wohnungen pro Haus, der größten Einwohnerdichte und dem höchsten relativen Kinderanteil. In den Stadtteilen mit dem höchsten Sozialindex verhält es sich genau umgekehrt.

Zu allem kommt hinzu, daß in allen erwähnten Gebieten die durchschnittliche Geschoßhöhe der Häuser relativ groß ist. In welchem Ausmaß die Geschoßhöhe der Häuser das Spiel- und Bewegungsverhalten der Kinder in der Freizeit beeinflußt, zeigen Untersuchungen in Dänemark und Schweden (MORVILLE 1973), auf die hier zurückgegriffen wird, da es in der ganzen Bundesrepublik Deutschland keine vergleichbaren Untersuchungen gibt, und andererseits die Ergebnisse sicherlich unmittel-

bar übertragbar sind, da das Verhalten von Kindern in primären Lebensräumen unter ähnlichen Bedingungen relativ ähnlich ist.
Die von MORVILLE referierten Ergebnisse weisen zunächst eine sehr unterschiedliche Spieldauer im Freien aus, je nachdem ob die Kinder in niedrigeren Häusern oder in höhergeschossigen wohnen. Eine kritische Schwelle scheint hierbei bei Häusern über 3 Geschossen zu liegen, da hier entweder die Steighöhe oder als für Kleinkinder besonders erschwerend die Fahrstuhlbenutzung hinzukommt.

Tabelle:

| Spieldauer im Freien pro Tag | bis 7-jährige | bis 16-jährige |
|---|---|---|
| 3-geschossige Wohnhäuser | 149 min. | 112 min. |
| 14-geschossige Wohnhäuser | 66 min. | 57 min. |

Auch der Charakter des Spiels und des damit verbundenen Sozialgefüges der Kinder verändert sich sehr stark in Abhängigkeit von der Geschoßhöhe.

Tabelle:

| Spielen im Freien ohne Aufsicht Erwachsener | 2- bis 3-jährige | 5-jährige |
|---|---|---|
| Einfamilienhäuser | 33 % | 100 % |
| 3-geschossige Wohnhäuser | 25 % | 100 % |
| 14-geschossige Wohnhäuser | 8 % | 80 % |

Tabelle:

| | Zahl der 1- bis 3-jährigen Kinder, die tägl. Spielgefährten haben |
|---|---|
| 3-geschossige Wohnhäuser | 90 % |
| 14-geschossige Wohnhäuser | 30 % |

In der letzten Kategorie sinkt die Anzahl der Kontakte mit steigender Geschoßzahl. In den drei unteren Etagen der Hochhäuser haben 65 Prozent, in den oberen Etagen nur 15 Prozent der Kinder täglich Spielgefährten. Insgesamt sinkt das Ausmaß der gesamten Mobilität der Kinder mit der Höhe der Häuser,

in der sie wohnen. So sind bei Kindern, die in 3-geschossigen Häusern wohnen, die Häufigkeiten der Ein- und Ausgänge pro Tag ungefähr doppelt so hoch wie bei Kindern aus Hochhäusern. Bei Kindern, die in den unteren drei Geschossen der Hochhäuser wohnen, werden durchschnittlich 7,3 Ein- und Ausgänge pro Kind und Tag registriert, bei Kindern aus den übrigen Geschossen der Hochhäuser nur 5,2 durchschnittlich.
Die Ursachen hierfür liegen auf der Hand. Neben dem Aufsichtsproblem für die Eltern in höheren Bebauungen ist für die Kinder eine erschwerte Erfaßbarkeit von Treppe und Aufzug gegeben. Aufzüge sind für die Bedienung durch Kinder nicht ausgerüstet. 4- bis 5-jährige Kinder können kindergerechte Aufzüge bedienen, die Bedienung normaler Aufzüge ist erst ab 6 bis 7 Jahren problemlos möglich. Hieraus resultiert als ein besonderes Problem, rechtzeitig auf die Toilette zu kommen, wenn es dringend ist, und bei Kindern ist es eigentlich immer dringend. Ebenso nimmt mit der Geschoßhöhe die Kontaktmöglichkeit mit der Mutter ab. Dies gilt insbesondere für Sicht- und Sprechkontakte und für die Möglichkeit, um Hilfeleistungen der Mutter nachzusuchen, wenn irgend etwas schief geht oder nicht gelingt.
Kinder und besonders Kleinkinder sind in dieser Hinsicht äußerst ortsgebunden. Sie spielen meist in unmittelbarer Nähe der Wohnung und wählen ihre täglichen Spielkameraden aus den gleichen oder höchstens noch aus den nächsten Hauseingängen. Die nähere Umgebung und die Kontaktmöglichkeiten in dieser sind daher für das Spiel der Kinder von größter Bedeutung. Mehr als neun Zehntel der Kleinkinder, die in den untersuchten dänischen Wohngebieten normalerweise innerhalb des Baugebietes spielten, spielten innerhalb eines Radius von 100 m von der Wohnung. Bei Schulkindern gilt dies immer noch für ca. zwei Drittel. Schwedische Untersuchungen zeigen entsprechende Tendenzen.
Das Spiel beginnt gleich bei der Haustür. Die Kinder spielen in der Regel auf der Hauseingangsseite - gleichgültig ob diese zum Spielareal, zur Straße oder zum Parkplatz hin orientiert ist, gleichgültig auch, ob dort Sonne oder Schatten ist. Auch englische Untersuchungen aus 12 verschiedenen Baugebieten

ergeben, daß ca. 50 Prozent der 3- bis 10-jährigen Kinder im Eingangsbereich der Häuser spielen (vergl. MORVILLE). Als Gründe werden angeführt, daß Kinder an den Aktivitäten der Erwachsenen teilhaben wollen und daß gegenüberliegende Seiten und abgelegene Plätze schlecht oder nur kompliziert zu erreichen sind. Die Hauseingangsseiten sind in dicht und hoch besiedelten Gebieten besonders schlecht zum Spielen geeignet und wegen der Gefährlichkeit für die Kinder auch häufig von den Eltern zum Spielen verboten. So wurden bei den Recherchen für diesen Bericht gerade in Hochhausgebieten relativ hohe Prozentzahlen der Kinder angetroffen, die einerseits zum Spielen "nach draußen" geschickt wurden, denen andererseits sowohl untersagt war, vor dem Haus zu spielen, wie sich vom Haus zu entfernen. Die Folge war ein ratloses Sitzen auf Treppen. Von ähnlicher Ratlosigkeit waren die beobachteten Spiele in diesen dicht und hoch bebauten Gebieten: Kinder, die allein oder in kleinsten Gruppen unentwegt Bälle gegen Hauswände schlagen; Kinder, die auf kleinstem Raum - z.B. auf Garagenvorplätzen - Fußball spielen; Kinder, die "klickern", ein Spiel, das wenig Raum in Anspruch nimmt und bei dem die Kinder relativ wenig "stören"; Kinder, die permanent Gummitwist auf den Gehwegen spielen, bis sie von Fußgängern unterbrochen oder in der Monotonie selbst Streitigkeiten provozieren - alles "Spiele", die einen den engen räumlichen Gegebenheiten entsprechenden äußerst niedrigen Bewegungsradius aufweisen, dafür durch eine hohe Monotonie und wenig Variabilität gekennzeichnet sind. Wie bereits erwähnt wurde, sind die Stadtteile, die den höchsten relativen Kinderanteil haben, auch diejenigen, die zugleich besonders hoch und dicht bebaut sind, wie die geringste Raumzahl pro Person aufweisen. Die tatsächlich bespielbare Fläche in der Wohnung dürfte allerdings noch abnehmen als Folge der funktionalen Aufteilung der Flächen und Räume und der funktionalen Nutzung der Wohnung durch die Erwachsenen. Hierbei schneiden Kinder besonders ungünstig ab. So kennt beispielsweise das 2. Wohnungsbaugesetz vom 1.9.1976, das eine Vielzahl von Aussagen über Funktionsbereiche von Wohnungen macht, in seinem Paragraphenbestand keine Familien, die größer sind als Eltern plus zwei Kinder. Die Wohnung stellt sich für Erwachsene in erster Linie als Schlaf-, Eß- und Ruheplatz dar. Kinderspiel hat nur dann einen festen Platz, wenn es nicht stört, d.h. in der Regel, wenn ein Kinderzimmer vorhanden ist und das Spielen in diesem ruhig erfolgt. Diese Behauptung wird durch Untersuchungen in verschiedenen Ländern gestützt, die zeigen, daß man Kinder aus dem Wohnraum fernhalten will (vergl. BAUMANN und ZINN 1973); Grete MEYER-EHLERS mußte bei ihren Nutzungsanalysen (1968; 1971) feststellen, daß nur in 15 Prozent der von ihr untersuchten Haushalte Aktivitäten von Kindern im Wohnzimmer stattfinden, damit also die mit der Zuweisung des Kinderspiels auf das Kinderzimmer verbundene Ausgliederung des Kindes aus den sonstigen Lebenswelten zumindest partiell aufgehoben wird. Es zeigt sich, daß unter dem heute herrschenden Prinzip funktionaler Trennung das separate Kinderzimmer durchaus ambivalenten Charakter hat, indem es andererseits auch als Individual- und Rückzugsraum unersetzlichen Wert besitzt. Die funktionale Spezifizierung auch der Wohnung steht in unmittelbarem Zusammenhang der bereits oben erwähnten Trennung von Arbeits- und Produktionswelt einerseits und Freizeit- und Privatbereich andererseits, sowie der Kontraktion der bürgerlichen Familie zur Gatten- oder Kernfamilie, die sich in der Privatheit ihrer Wohnung gegen eine als feindlich empfundene Gesellschaft abschirmte (vergl. ARIÈS 1975, HAUSEN 1978, VAN USSEL 1980). Die interne Spezialisierung der Kleinfamilie, die sich auch in einer rigiden Trennung der Geschlechtsrollen und einer Polarisierung der "Geschlechtscharaktere" niederschlägt, dokumentiert sich auch in der Spezialisierung der Räume: "Die Häuser zeichneten sich durch eine größere Spezialisierung in der Aufteilung der Wohnräume aus (Arbeitszimmer, Salon, Schlafzimmer usw.). Es gab einen abgesonderten, intimen Kern, zu dem der Fremde nur schwer Zutritt erhielt. Berufs- und Privatsphäre trennten sich. Der bürgerlichen Privatsphäre war all das vorbehalten, was der Adel in der Öffentlichkeit zur Hervorhebung seines sozialen Status zeigen mußte. Die Wohnung, die Einrichtung, die Liebe, die Konversation, der gute Geschmack in der Anlage des Parkes, das Ritual bei der Mahlzeit, alle diese Dinge waren nun Privatvergnügen oder

Verpflichtung geworden" (VAN USSEL 1980, 138 f.).
Mit der Durchsetzung der Gatten- oder Kernfamilie als Familiendoktrin ist auch diese Haltung zur Wohnung voll verinnerlicht worden. Die Spezifizierung der zur Verfügung stehenden Räume, die zunächst nur beim Bürgertum die Nutzungsvorstellungen und den Grundriß einer Wohnung bestimmte, ist heute ein von der Sozialschicht unabhängiges Gestaltungsprinzip, das in der Planung bis in die Details hinein bereits vom Architekten festgelegt wird. Allerdings wirkt sie auch unabhängig von den Vorstellungen von Architekten oder Bauträgern: "Eine solche restriktive Raumverteilung in den Wohnungen ... bleibt auch bestehen, wenn die Mieter oder Eigentümer die Proportionen der Räume für Erwachsene und Kinder selbst bestimmen können"(THOMAS 1979, 45, vergl. auch: HERLYN und HERLYN 1976, DESSAI und ALT-ROSENDAHL 1978).
Den Kindern und ihrem Spiel wurde in dieser Wohnstuben-Mystik der geschlossenen Familie eine besondere Rolle zugewiesen: "Die Kinder mußten Ruhe halten. 'Kinder darf man wohl sehen, aber nicht hören.' Sie mußten auch stets beschäftigt sein, denn 'Müßiggang ist aller Laster Anfang'. Die nützlichen Handarbeiten kamen auf, und ein Mädchen, das keine Arbeit hatte, schnitt ein Loch in ein Stück Stoff, um es dann wieder zuzunähen. Der Ansicht von Lordulot zufolge sollte man ruhig und vergnügt spielen und das Spiel als eine Medizin ansehen. Leidenschaft beim Spiel wurde wie jede andere Leidenschaft und Unbeherrschtheit verurteilt" (VAN USSEL a.a.O.).
So ist zwar einerseits heute das Kinderzimmer der Raum des Haushalts, der die größte Funktionsdichte und -vielfalt aufweist: er soll Wohnstube, Spielzimmer, Schlaf- und Arbeitszimmer sein. Von daher müßte dieser Raum ein Hort der Geborgenheit, der Gemütlichkeit und ein Ort möglicher Aktivitätenvielfalt zugleich sein, in dem sich das Aufstellen von Möbeln mit nur einer Funktion von allein verböte. Andererseits wird gerade das Kinderzimmer immer wieder mit der größten Nachlässigkeit und Phantasielosigkeit behandelt: alte Möbel werden ins Kinderzimmer abgeschoben, bis die Kinder "aus dem Gröbsten heraus" sind, und wenn Kindermöbel angeschafft werden, dann in der Regel solche, die die Erwachsenen selbst für "niedlich" halten.

Weit wichtiger allerdings als eine "gute" oder gar "schöne" Einrichtung ist für Kinder Fußbodenfläche in ausreichendem Maße. Stellt der Fußboden in der Wohnung für die Erwachsenen in erster Linie eine Verkehrsfläche dar, auf der man von einer Nutzungsgegebenheit zu einer anderen gelangt, so ist er für Kinder vor allem ein Gestaltungsraum. Dieser Gestaltungsraum sichert dem Kind die ihm eigene Struktur und Rhythmus von Zeit und Bewegung; auch müssen Bauwerke Platz haben, längere Zeit stehen bleiben zu können. "Das ständige Aufräumen, das durch die Engigkeit des Zimmers erzwungen wird, bedeutet für Kinder häufig nicht Wiederherstellung einer Ordnung (die es prinzipiell durchaus positiv bewertet), sonder Zerstörung strukturierter, d.h. geordneter Sinnzusammenhänge von symbolträchtigen Dingen" (BAHRDT 1974, 137). "Ordnung" verhindert auch, ein einmal begonnenes Spiel zu Ende zu führen, also Struktur und Sinn in Handlungsvollzüge zu bringen.
Hinzu kommt, daß gerade kleinere Kinder während des Spiels die Nähe von erwachsenen Bezugspersonen suchen, um Anerkennung für das Spielen oder - z.B. bei Konstruktionsspielen - Hilfe zu erhalten. Dabei sind die Kinder gerade von den spezialisierten Bereichen der Wohnung ausgeschlossen, auf denen die Eltern sich besonders häufig aufhalten: die Küche ist in den meisten Fällen als Arbeitsküche konzipiert und entsprechend klein und rein funktionell ausgestattet; das Wohnzimmer aber ist besonders bei Familien der mittleren und unteren Sozialschichten teils steriles und gepflegtes Demonstrationsobjekt für Besucher, teils Rückzugsgebiet vor den "Störungen" der Kinder. Damit aber wird die angeblich gemütliche "gute Stube" zum Tabubereich für jegliches Kinderspiel und geht den Kindern als Bestandteil ihres Lebensraumes verloren, weil für sie keine echte, d.h. einsichtige Funktion vorhanden ist. Umgekehrt sind von der räumlichen Anordnung her Kinderzimmer auch in größeren Wohnungen - im Interesse der Ruhe - im Randbereich der Wohnung oder in abgelegenen Ecken angesiedelt (vergl. DESSAI und ALT-Rosendahl 1978, 19; dort auf Seite 37 auch eine mögliche architektonische Alternative). Damit aber sind direkte Blick- und Sprechkontakte weitgehend

ausgeschlossen, es sei denn das Kind schleppt sein Spielzeug in den Flur, vor die Küche, macht also "Unordnung" und "stört". Die inhärente Logik der baulichen Prinzipien der Wohnung programmieren also Quengeln der Kinder, stören und Unordnung geradezu ein und dies gerade in scheinbarem Schutz des Ruhebedürfnisses der Eltern. Der nachfolgende Verweis der Kinder auf das "eigene" Zimmer durch die Eltern wird so eher als Ausschluß und Liebesentzug erlebt. Jeder weiß von seinem Alltagswissen her, was der Satz: "Du gehst jetzt sofort auf dein Zimmer!" bedeutet. Durch die Struktur der Wohnung ist somit permanenter Spielabbruch festgelegt, der nach HERLYN und HERLYN (1976) zu Verzögerungen und Störungen der psychomotorischen Entwicklung, zu mangelhaft entwickelter Konzentrationsfähigkeit, Hemmung der Intelligenzentwicklung und Reduzierung der Schulleistungen führt. So sind als Folge dieser Gestaltungsprinzipien Wohnungen zwar "sowohl in ihrem Grundriß als auch in ihrer Ausstattung eine geeignete Umwelt für Erwachsene, Kinder aber (haben) große Schwierigkeiten, aus dieser Wohnumgebung eine vertraute Umwelt zu machen" (BAHRDT 1974, 26).

Bereits von der Größenzuordnung her ist das Kinderzimmer das geringstgeachtete der Wohnung. So errechnet die Möbelstellflächenordnung nach DIN 18011, Gruppe 4, Ziffer 2 für ein Zimmer für zwei Kinder mindestens 8,63 qm. Zieht man von dieser Fläche den Mindeststellflächenbedarf für Betten, Schrank, Arbeitstisch und zwei Stühlen ab, so verbleiben für zwei Kinder ca. 1,25 qm Spielfläche (nach MAGS NW 1981, 114: 2,16 qm). Man könnte nun polemisch darauf hinweisen, daß das Tierschutzgesetz für einen Zwingerhund von 20 kg Gewicht eine Bewegungsfläche von mindetens 6 qm fordert. Zu dem Problem, daß mit der Zuweisung des Kinderspiels auf das Kinderzimmer eine Ausgliederung des Kindes und seines Spiels aus den sonstigen Lebenswelten erfolgt, kommt also hinzu, daß in diesem Bereich Spiel kaum stattfinden kann. Die geringe Größe der Kinderzimmer bewirkt, daß nur wenig visuelle, akustische und haptische Reizquellen für das Kind verfügbar sind. Spielerische Entfaltung setzt voraus, daß ein Gefühl von Vertrauen und Geborgenheit entwickelt ist.

Da die Zimmer aber eng und wenig anregend sind, haben die Kinder wenig Chancen, sich heimisch zu fühlen. Die Wohnung wird für Kinder somit zu einem Ort, wo nur bewegungsarme, wenig Lärm erzeugende, passive und rezeptive Tätigkeiten stattfinden können. Unter diesen Voraussetzungen erstaunt es wenig, daß das Fernsehen immer stärker von Eltern als "Ruhigsteller" für Kinder eingesetzt wird und auch von diesen als die noch sinnvollste Tätigkeit am häufigsten gewählt wird.

Bei den 3-jährigen sitzten bereits 60 Prozent täglich vor dem Fernseher, bei den 4-jährigen sind bereits 100 Prozent erreicht, die mindestens eine Fernsehsendung pro Tag sehen. Bei den 10- bis 12-jährigen liegt der durchschnittliche Fernsehkonsum bei 2 3/4 Stunden pro Tag.
Als Fazit läßt sich für Freizeit- und Spielverhalten der Kinder in primären Lebensräumen ein äußerst ungünstiges Bild festhalten. In der Wohnung wird das Freizeitverhalten zentral durch Fernsehkonsum bestimmt, außerhalb der Wohnung besteht es zumindest in dichter besiedelten Wohnbereichen vornehmlich in bewegungsarmen, monotonen und rezeptiven Spielen, die für Kinder kaum Anregungs- oder Explorationscharakter haben.

## 6. Struktur der Freizeiträume für Kinder

Der räumlichen Zergliederung und Parzellierung der Freizeit von Kindern entsprechen inhaltlich die in den verschiedenen Räumen und Flächen möglichen Aktivitäten und Lernprozesse. Die Freizeit des Kindes entfaltet sich auf einem in Segmente zergliedertem Kontinuum von dem Primärbereich bis zu festinstitutionalisierten Freizeitaktivitäten: von der Familie über Freunde und nachbarschaftliche Bezüge, Vereine und Verbände, die speziell für Kinder eingerichtet sind, Vereine und Verbände, die sich u.a. auch der Kinder annehmen oder es zulassen, von Kindern genutzt zu werden, bis hin zu freien kommunalen und schließlich kommerziellen Freizeitangeboten. In dieser Arbeit wird im folgenden der Bereich kommerzieller Freizeitangebote ausgeklammert. Es erforderte eine eigene Erhebung zu erkunden, inwieweit dieser Bereich (teilweise auch entgegen bestehender Schutzbestimmungen) von Kindern wahrgenommen wird und auch ihre zum Teil nicht unerheblichen finanziellen Mittel absorbiert. Ebenso bleibt hier der Freizeitbereich der Schule unbehandelt. Wie im Abschnitt "Primärer Lebensräume" gezeigt wurde, sind in der Wohnung als dem einen Endpunkt des Kontinuums aufgrund räumlicher Enge und geringer Variabilität in der Ausstattung kaum bewegungsintensive und abwechslungsreiche Spiele möglich. Nicht zuletzt dies dürfte zur Folge haben, daß Freizeit mit wachsendem Alter immer mehr mit "draußen" assoziiert wird.

Tabelle:
Verbringung der Freizeit (nach DOES und MOTZ 1979, 118; in %)

| Beschäftigung | Alle | Alter 8/9 Jahre | Alter 10 Jahre | Alter 11/12 Jahre | Wohnbereich Innenbereich | Wohnbereich Randbereich | Wohnbereich Außenbereich |
|---|---|---|---|---|---|---|---|
| eher draußen | 45 | 35 | 40 | 56 | 39 | 46 | 47 |
| eher drinnen | 6 | - | 1 | 5 | 6 | 8 | - |
| teils-teils | 47 | 65 | 59 | 39 | 55 | 46 | 53 |

Unabhängig von dem, was in der Freizeit tatsächlich getan wird, werden als besonders beliebte Aktivitäten auch vornehmlich solche Aktivitäten genannt, die "draußen" ausgeführt werden.

Tabelle:

| Beliebte Aktivitäten | Alle | Alter 8/9 Jahre | 10 Jahre | 11/12 Jahre | Wohnbereich Innenbereich | Randbereich | Außenbereich |
|---|---|---|---|---|---|---|---|
| **Draußen:** | | | | | | | |
| sportliche | 62 | 54 | 65 | 67 | 61 | 64 | 53 |
| laufen, tollen | 42 | 54 | 50 | 26 | 22 | 39 | 71 |
| Freunde treffen | 33 | 30 | 35 | 33 | 39 | 36 | 12 |
| radfahren | 29 | 35 | 25 | 26 | 28 | 33 | 18 |
| Stadtbummel | 21 | 16 | 15 | 26 | 39 | 36 | 12 |
| Spielplatzbesuch | 9 | 14 | 5 | 8 | 11 | 8 | 12 |
| **Drinnen:** | | | | | | | |
| basteln | 18 | 14 | 10 | 29 | 17 | 20 | 12 |
| fernsehen | 15 | 19 | 15 | 13 | 17 | 11 | 24 |
| Spielzeug spielen | 15 | 22 | 10 | 10 | 22 | 13 | 12 |
| lesen | 15 | 16 | 20 | 8 | 6 | 18 | 12 |

Der Übergang von "drinnen" nach "draußen" markiert zugleich den Übergang von Privatheit zur Öffentlichkeit. Hier kommt dem unmittelbaren Nahbereich der primären Lebensräume eine besondere Bedeutung zu. "Für die Vermittlung erster Kontakte mit der Außenwelt ist der Schwellenbereich der Wohnung, die Übergangszone von der Privatheit in die Öffentlichkeit, bei gleichzeitigem Schutz und ständig möglicher Rückzugsmöglichkeit für die Kinder und insbesondere für Einzelkinder von hoher Bedeutung. In diesem Bereich halten sie sich besonders gerne auf und spielen dort" (MAGS NW 1981, 150).
Unter diesem Aspekt der Integration von Privatheit und Öffentlichkeit sei an dieser Stelle noch einmal die herausgehobene Bedeutung "der Straße" für die soziale Integration des Kindes oder einer Region hingewiesen. Wie aber schon oben betont wurde, ist gerade dieser Bereich, den beispielsweise COMMON in seinem Buch über "die Freiheit der Straße" (1938) noch in seiner zentralen Bedeutung besonders für die Arbeiterklasse ausweist,

ja der den Bestand der erfahrbaren "proletarischen Öffentlichkeit" (NEGT und KLUGE 1973) sicherte, in den zurückliegenden Jahren den größten Veränderungen ausgesetzt gewesen. Auch und gerade für Kinder ist er als Bereich des Spielens und des Aufenthalts kaum noch verfügbar. So wird die lange nicht erkannte Bedeutung der "Straßensozialisation" (ZINNECKER 1978, bes. 31 ff., 1979) gerade zu einer Zeit eher nostalgisch von der Wissenschaft "entdeckt", in der dieser Bereich aus der sozialen Realität immer mehr verschwindet. Während MUCHOW und MUCHOW(1978) noch 1935 die besondere Bedeutung der "Strassenspiele" für den "erlebten Lebensraum" der Kinder und dort insbesondere für die "Tobespiele", die sich durch großräumige Spielstrategien und besonders große soziale Dichte auszeichnen (30 ff.), betonen, so muß ZINNECKER in seinen Recherchen in dem gleichen Hamburger Stadtviertel 1978 feststellen: "Während die Spielgelegenheiten der Kinder in der Straßenöffentlichkeit eingeschränkter als damals sind, hat die Zahl der institutionellen Inseln für Kinder als Ersatz für die verlorengegangene Straßenöffentlichkeit deutlich zugenommen. Obwohl ja die Zahl der Kinder im Viertel drastisch heruntergegangen ist, finde ich vergleichsweise viele, zum Teil neueröffnete und pädagogisch betreute Spielplätze vor. Spielende Kinder auf der Straße treffe ich selten an. Kinder als Fußgänger, die in der Lebensraumstudie eine bedeutende Rolle spielen, sind in den meisten Straßen geradezu eine Seltenheit geworden" (ZINNECKER 1978, 18). Kinder werden damit immer mehr von den undefinierten, freien Bereichen des Spiels auf die vordefinierten "institutionellen Inseln" verwiesen. Der Ort der Kindern "draußen" als spezieller Ort zum Spielen zugewiesen ist, ist der Kinderspielplatz in seinen unterschiedlichsten Ausführungen. Als künstlich geschaffene Spezialeinrichtung erlaubt er in seiner dominanten Form als konventioneller Gerätespielplatz ebenfalls nur geringe Spielvariabilität und Bewegungsaktivität. Die tatsächliche Nutzung ist insgesamt sehr gering und erhöht sich nur dann geringfügig, wenn gar kein anderer Raum zur Verfügung steht. Selbst wenn Spielplätze genutzt werden, geschieht dies häufig nicht in dem Sinne, zu dem sie erstellt worden sind. Spielgeräte werden entweder gar nicht beachtet und "umspielt"

oder sie werden zu ganz anders gearteten Spielzwecken umfunktioniert (vgl. u.a. BIERHOFF 1974, HÖLTERSHINKEN 1975, SCHOTTMAYER und CHRISTMANN 1976).
Bewegung und Bewegungslernen soll auch für Kinder durch den Sport und auf dem Sportplatz stattfinden. Inwieweit Sportplätze für Kinder erreichbar sind, hängt neben dem Entfernungsproblem weitgehend davon ab, ob durch die Sportvereine überhaupt Sportangebote gemacht werden, die an Kinder addressiert sind oder von diesen zu bewältigen sind. Die Angebote in den Sportvereinen orientieren sich aber weitgehend an dem Leitbild des Leistungs- und Wettkampfsports. Unter dieser Maßgabe findet auch im Sportverein und auf dem Sportplatz eine schon vordefinierte Art von Bewegungslernen statt, das die Bewegung funktional vom Spiel abspaltet und der tendenziellen Ausgliederung von komplexen Bewegungshandlungen aus dem alltäglichen Leben entspricht (zu den Konsequenzen u.a. KLEIN 1982). Was die Angebote für die Kinder betrifft, so können selbst unter den gemachten Einschränkungen überhaupt nur größere stark gegliederte Vereine ein differenziertes Angebot mit speziellen Kindersportgruppen und Familiengruppen machen. Der erheblich größere Kinderanteil in Sportvereinen von der Größe von 500 Mitgliedern an aufwärts und in höherspartigen Vereinen belegt dies (vgl. 7.2 und 8).
Eine Zwischenstellung zwischen "drinnen" und "draußen" nehmen Jugendzentren und -einrichtungen für Kinder ein. Zum einen sind sie "draußen" nämlich außerhalb der Wohnung, zum anderen aber finden die dortigen Aktivitäten mehrheitlich in geschlossenen Räumen statt. Obwohl gegenüber der Wohnung ein erhöhtes Platzangebot besteht, verbleiben die Beschäftigungen dennoch überwiegend in einem wenig abwechslungsreichen und insgesamt bewegungsarmen Rahmen: Tischtennis (20,7 %), Diskussionen (17,4 %), Tanzen (9,8 %), Gruppenarbeit (9,7 %), Kickern (9,2 %), Spielen (7,5 %) (WERNER 1972, 85).
Für Kinder fällt bei diesen Einrichtungen ins Gewicht, daß ihr Angebot primär auf Jugendliche zugeschnitten ist, Kinder mehr oder weniger ausgeprägt in ihnen nur geduldet werden, wenn sie nicht stören und sich den Aktivitäten der Jugendlichen anschließen; d.h. sie sind zwar in diesen Räumen der Kontrolle

und Reglementierung der Erwachsenen weitgehend entzogen, wenn die Eltern erst einmal den Besuch derartiger Einrichtungen gestattet haben, dafür um so stärker den streng hierarchisch strukturierten Regeln und Anpassungszwängen der älteren Jugendlichen ausgesetzt, deren Aktivitätsformen sie in der Regel kritiklos kopieren und adaptieren.
Wenn oben im Abschnitt 3 darauf hingewiesen wurde, daß der Anteil des affektiven, sozio-kulturell nicht gebundenen Verhaltens in Kindheit, Jugend und Freizeit um so größer wird, je einfacher die Spiele sind, dürfte mit diesem Tatbestand zusammenhängen, daß der überaus einfache zu nichts verpflichtende Handlungsrahmen der Jugendzentren zu einem Feld ungezielten "acting out" wird. Dies dürfte auch eine Erklärung für die Feststellung WERNERs (1972, 85) sein, "daß die Jugendlichen (ca. 75 - 80 %) kein aktives Engagement für die Heimarbeit aufbringen. Die Mehrzahl betrachtet die Heime als Aufenthaltsräume, in denen man sich aufwärmen, mit Gleichaltrigen unterhalten und an Spielgeräten Langeweile abreagieren kann. Man verhält sich also zum größten Teil rezeptiv, ohne selbst irgendwelche Aktivitäten zu entwickeln."
Die Feststellung dürfte nicht nur verstärkt für solche Jugendeinrichtungen zutreffen, die besonders von Jugendlichen aus der Arbeiterschicht frequentiert werden (vgl. NOWICKI 1976), sondern insbesondere für Kinder in Jugendeinrichtungen.

## 7. Kinder und Freizeit in Nordrhein-Westfalen

Für einen Bericht über die Freizeit und das Spiel- und Bewegungsverhalten von Kindern im Zusammenhang mit sozialräumlichen Gegebenheiten ergibt sich eine eigentümliche Schwierigkeit. Ist es schon schwierig, für Kinder auch nur annähernd genau anzugeben, was in diesem Lebensalter eigentlich unter Freizeit verstanden werden soll, so stellt sich nach dem bisher Gesagten ein weiteres Problem ein. Nach der bisher vorgenommenen Problembeschreibung müßte zu einer Bewertung der Situation besonders nach der Qualität des Spiels und der Bewegungshandlungen und nach der qualitativen Beschaffenheit der relevanten institutionellen und räumlichen Gegebenheiten in Hinblick auf die Lebenswelt der Kinder gefragt werden.
Wie aber bereits erwähnt liegen - wenn überhaupt - höchstens quantitative Daten vor, und auch diese sind in den Erhebungsdimensionen kaum an den Lebenserfordernissen der Kinder orientiert. Die Vorstellung aber, daß quantitativer Bestand und Zuwachs entscheidend für die Qualität von Lebenswelten sei, wurde oben andererseits als ein Ausgangspunkt für die Reduzierung des Spielverhaltens der Kinder und für qualitative Einbußen diagnostiziert.
In Zusammenfassung der bisherigen Erörterungen läßt sich festhalten, daß in bezug auf die Umwelterfahrung von Kindern der Intensität und Art der Interaktionen zwischen Kind und Umwelt eine entscheidende Rolle zukommt, wenngleich auch Faktoren wie Alter, Geschlecht und Schichtzugehörigkeit als intervenierende Variablen von beträchtlicher Bedeutung sind. Vor allem aber spielen auch strukturelle Gegebenheiten der jeweiligen Region und hier besonders im sozialen Nahbereich der Wohnung eine erhebliche Rolle. Hierbei schlagen auch Stadt-Land-Unterschiede zu Buche.
Eben dies ist auch für die Freizeit festzustellen. So stellte WEBER bereits 1963 allein für den quantitativen Anteil an Freizeit - wenn wir einmal alle Unklarheiten, was Freizeit genau ist, beiseite lassen - ebenso große Unterschiede zwischen Kindern auf dem Lande und in der Stadt fest wie zwischen Jungen und Mädchen:

Tabelle:

Tägliche durchschnittliche Freizeit von Kindern in der Volksschuloberstufe (nach WEBER 1963, 74)

In Minuten

| | Mädchen | Jungen | Durchschnitt |
|---|---|---|---|
| Stadt | 240 | 281 | 261 |
| Land | 228 | 243 | 235 |
| Durchschnitt | 234 | 262 | 248 |

Bis heute hat sich die Schere zwischen Stadt und Land aufgrund des relativen Gewinns in der Stadt noch weiter auseinanderentwickelt und die zwischen Mädchen und Jungen aufgrund des leicht veränderten Erziehungsverhaltens einander angenähert.
Unter diesen Gesichtspunkten erschien es deshalb wenig sinnvoll, einen auf Nordrhein-Westfalen insgesamt bezogenen Bericht zu erstellen, da die Unterschiede zwischen Orten in verschiedenen Ortsgrößenklassen und in Regionen von unterschiedlicher Besiedlungsdichte doch beträchtlich sind. Statt dessen wird im folgenden versucht, die Freizeitsituation von Kindern in vier typischen Lebensregionen in Nordrhein-Westfalen exemplarisch herauszuarbeiten. Gewählt wurde als Metropole die größte Stadt Nordrhein-Westfalens (Köln), ein Kreis der in Randlage zu einer Großstadt gelegen ist, aber auch eigene Zentrenbildung aufweist (der Erftkreis), eine Großstadt im Bereich des Siedlungsverbandes Ruhrkohlenbezirk (Essen), da der Ruhrkohlenbezirk nahezu ein Drittel aller Einwohner Nordrhein-Westfalens beherbergt und als größtes zusammenhängendes Ballungsgebiet der Bundesrepublik Deutschlands das Vorstellungsbild von Nordrhein-Westfalen insgesamt bestimmt, und ein vornehmlich ländlich strukturierter Landkreis (Borken). Zuvor ist es dann aber erforderlich, einen zahlenmäßigen Gesamtüberblick über die Kinder in Nordrhein-Westfalen zu geben und auf wie viele von ihnen diese typischen Wohnsituationen zutreffen.

## 7.1 Zahlenmäßiger Überblick

Nordrhein-Westfalen hat nach Angaben des Statistischen Jahrbuchs Nordrhein-Westfalen 1978 (Stand 31.12.1977)

17 030 341 Einwohner.

Diese verteilen sich nach Ortsgrößenklassen:

| Ortsgröße | Einwohner | % - Anteil an Einwohner Nordrhein-Westfalen |
|---|---|---|
| 500 000 und mehr | 3 438 420 | 20,19 |
| 100 000 - 500 000 | 5 089 735 | 29,88 |
| 30 000 - 100 000 | 4 682 984 | 27,50 |
| 10 000 - 30 000 | 3 152 876 | 18,51 |
| 3 500 - 10 000 | 654 987 | 3,85 |
| nicht klassifiziert | 11 339 | 0,07 |
| | 17 030 341 | 100,00 % |

Die absolute und prozentuale Verteilung der Einwohner und der Kinder auf kreisfreie Städte stellt sich in Nordrhein-Westfalen wie folgt dar:

**Kreisfreie Städte**

| Ortsgröße | Einwohner (absolut) | Einwohner-Anteil NRW | Kinderzahl (absolut) | %-Anteil an Einwohner | %-Anteil an Kinder in NRW |
|---|---|---|---|---|---|
| 500 000 und mehr | 3 438 420 | 20,19 % | 630 463 | 18,34 % | 17,48 % |
| 300 000 - 500 000 | 1 434 640 | 8,42 % | 266 873 | 18,60 % | 7,40 % |
| 100 000 - 300 000 | 2 856 303 | 16,77 % | 551 804 | 19,32 % | 15,30 % |
| kreisfreie Städte insgesamt | 7 729 363 | 45,39 % | 1 449 139 | 18,75 % | 40,17 % |

**Kreise**

| Ortsgröße | Einwohner (absolut) | Einwohner-Anteil NRW | Kinderzahl (absolut) | %-Anteil an Einwohner | %-Anteil an Kinder in NRW |
|---|---|---|---|---|---|
| 400 000 und mehr | 2 787 266 | 16,37 % | 617 796 | 22,16 % | 17,13 % |
| 300 000 - 400 000 | 1 812 365 | 10,64 % | 412 354 | 22,75 % | 11,43 % |
| 200 000 - 300 000 | 4 114 410 | 24,16 % | 979 451 | 23,81 % | 27,15 % |
| 100 000 - 200 000 | 586 937 | 3,45 % | 148 595 | 25,32 % | 4,12 % |
| Kreise gesamt | 9 300 978 | 54,61 % | 2 158 196 | 23,20 % | 59,83 % |

Quelle: Statistisches Jahrbuch Nordrhein-Westfalen 1978 (für Einwohnerzahlen), Regionalprognose 1976 bis 1990 (für Kinderzahlen)

Für die Tabelle ist generell anzumerken, daß sich für die gleichen Städte und Regionen Abweichungen an absoluten und Prozentzahlen ergeben können. Dies erklärt sich daraus, daß für verschiedene Tabellen gelegentlich unterschiedliche Quellen - z.B. Statistisches Jahrbuch, Regionalprognose, Statistiken der einzelnen Städte - verwendet wurden, die unterschiedliche Erhebungsstrategien einsetzen oder unterschiedliche Stichtage verwenden.

Es zeigt sich eine eindeutige Abnahme des relativen Kinderanteils in den kreisfreien Städten gegenüber den Kreisen, wobei der relative Kinderanteil dort um so höher ist, je kleiner die Kreise nach ihrer Gesamteinwohnerzahl sind. Dies läßt sich sicherlich zunächst einmal auf die Einwohnerdichte zurückführen.

Tabelle:
Bevölkerungsverteilung nach Einwohnerdichte (Kreise und kreisfreie Städte, absolute Kinderzahl und relativer Kinderanteil)

| Einwohner/ qkm | Einwohner (absolut) | Einwohner-Anteil NRW | Kinderzahl (absolut) | %-Anteil an Einwohner | %-Anteil an Kinder in NRW |
|---|---|---|---|---|---|
| über 2 000 | 5 612 117 | 32,95 % | 1 035 351 | 18,45 % | 28,70 % |
| 1 000 - 2 000 | 2 152 810 | 12,64 % | 425 571 | 19,77 % | 11,80 % |
| 500 - 2 000 | 3 350 625 | 19,67 % | 727 465 | 21,71 % | 20,17 % |
| unter 500 | 5 914 789 | 34,73 % | 1 418 948 | 24,00 % | 39,33 % |

Quelle: Statistisches Jahrbuch Nordrhein-Westfalen 1978 (für Einwohner) Regionalprognose 1976 bis 1990 (für Kinderzahlen)

Diese Tabelle scheint die Abhängigkeit des prozentualen Anteils der Kinder an der Einwohnergesamtzahl von der Besiedlungsdichte zu bestätigen. Allerdings darf nicht übersehen werden, daß es auch innerhalb der einzelnen Besiedlungsdichteklassen erhebliche Unterschiede gibt. So etwa

Einwohnerdichteklasse

| | | |
|---|---|---|
| über 2 000 Einwohner/qkm | von 16,6 % (Düsseldorf) | bis 21,6 % (Leverkusen), |
| 1 000 - 2 000 EW/qkm | von 17,5 % (Aachen) | bis 21,1 % (Mettmann), |
| 500 - 1 000 EW/qkm | von 18,9 % (Münster) | bis 24,3 % (Kleve, |
| unter 500 EW/qkm | von 21,5 % (Märk.Kreis) | bis 28,9 % (Borken). |

Quelle: Regionalprognose 1976 bis 1990, Stand 1976

Selbst im recht einheitlich strukturierten Gebiet des Siedlungsverbandes Ruhrkohlenbezirk gibt es so erhebliche Unterschiede im relativen Kinderanteil von der unteren Grenze von 18,2 % (Bochum, Essen, Mülheim/Ruhr) bis zur oberen Grenze von 22,8 % (Unna) und 22,5 % (Hamm).

Im relativen Kinderanteil gilt es also eine Vielzahl von Faktoren zu beachten: Größe der Gemeinde, durchschnittliche Einwohnerdichte, Wirtschaftsstruktur, Sektoren der Beschäftigungsstruktur, Konfession der Region, um nur die wichtigsten zu nennen.

Für die hier exemplarisch untersuchten Kreise und kreisfreien Städte ergibt sich hinsichtlich Einwohnerzahl, Besiedlungsdichte und relativem Kinderanteil an der Gesamtbevölkerung folgendes Bild:

| | Einwohner insgesamt | Einwohner/ qkm | Kinder insgesamt | %-Anteil der Kinder an der Gesamtbevölkerung |
|---|---|---|---|---|
| Borken | 291 002 | 205,1 | 84 416 | 29,01 |
| Erftkreis | 388 530 | 551,0 | 88 101 | 22,53 |
| Essen | 668 458 | 3 179,0 | 112 663 | 16,85 |
| Köln | 1 017 636 | 2 500,0 | 177 478 | 17,44 |

Für den Siedlungsverband Ruhrkohlenbezirk insgesamt ergibt sich folgendes:

| Einwohner | Einwohner/ qkm | Kinder | %-Anteil der Kinder an der Gesamtbevölkerung |
|---|---|---|---|
| 5 556 722 | 1 117,0 | 1 103 010 | 19,85 |

Quellen:

Borken Kreis Borken (Hrsg.), Kreis Borken 1976, Stand: 1.1.1976

Erftkreis - Kreisverwaltung Erftkreis (Hrsg.), Erftkreis 1979 - Überblick in Zahlen; Kreisverwaltung Erftkreis (Hrsg.), Freizeitstättenbedarfsplan 1979/80; Stand: 1978

Essen - Stadt Essen - Amt für Statistik und Wahlen (Hrsg.), Statistisches Sonderheft Nr. 3/1978 und 2/1979; Stand: 1.1.1978

Köln - Stadt Köln - Statistisches Amt Hrsg.), Strukturdaten für die Stadtbezirke I - IX, Ausgabe 1976/77; Stand: 1.1.1977

Ruhrkohlebezirk - Statistische Rundschau Ruhrgebiet 1978 und Regionalprognose 1976 - 1990

Auch hier gilt, daß sich Abweichungen von anderen absoluten oder Prozentzahlen für die gleichen Gebiete aus den unterschiedlich verwendeten Quellen erklären.

Die Kinderalterstruktur hinsichtlich Schulkinder und noch nicht schulpflichtige Kinder in den untersuchten Regionen verteilt sich wie folgt:

| | Kinder 0 - 6 Jahre | Kinder 7 - 14 Jahre | Kinder insgesamt 0 - 14 Jahre |
|---|---|---|---|
| NRW insgesamt | 1 212 986<br>7,12 % | 2 176 347<br>12,78 % | 3 389 333<br>19,90 % |
| Borken | 31 617<br>10,86 % | 52 799<br>18,14 % | 84 416<br>29,01 % |
| Erftkreis | 32 216<br>8,24 % | 55 885<br>14,29 % | 88 101<br>22,53 % |

| | Kinder 0 - 6 Jahre | Kinder 7 - 14 Jahre | Kinder insgesamt 0 - 14 Jahre |
|---|---|---|---|
| Essen | 38 502<br>5,76 % | 74 161<br>11,09 % | 112 663<br>16,85 % |
| Köln | 65 649<br>6,45 % | 111 829<br>10,99 % | 177 478<br>17,44 % |

Quelle: NRW Statistisches Jahrbuch 1978
Borken, Erftkreis, Essen, Köln - s. voranstehende Tabelle

Der Anteil von Sportvereinsmitgliedern ist in den verschiedenen Altersgruppen höchst unterschiedlich, wie die folgende Tabelle verdeutlicht:

Tabelle:

Sportvereinsmitglieder in NRW nach Alter und Geschlecht sowie relativem Anteil an der jeweiligen Gesamtaltersgruppe

| | m | w | total | %-Anteil der Sportvereinsmitglieder in der jeweiligen Altersgruppe |
|---|---|---|---|---|
| 0 - 6 Jahre | 35 010 | 40 202 | 75 212 | 6,20 % |
| 7 - 14 Jahre | 478 938 | 347 287 | 826 225 | 37,96 % |
| 0 - 14 Jahre | 513 948 | 387 489 | 901 437 | 26,60 % |
| Gesamtbevölkerung | 2 069 739 | 1 051 942 | 3 121 681 | 18,33 % |

Quelle: Landessportbund NRW (Hrsg.), Vereinsstrukturanalyse 1978 (für Sportvereinsmitglieder)
Statistisches Jahrbuch NRW 1978 (für die jeweilige Gesamtaltersgruppe)

Dabei fällt auf, daß die Vereine mit zunehmenden Mitgliederzahlen für Kinder offensichtlich auch attraktiver werden; zumindest weist der entsprechend ansteigende relative Anteil von Kindern an der Gesamtmitgliederzahl darauf hin:

Tabelle:

Anzahl der Sportvereinsmitglieder im Alter von 0 - 14 Jahren nach Vereinsgrößenklassen sowie relativer Anteil der 0 - 14-jährigen Mitglieder an der Gesamtzahl aller Mitglieder in der jeweiligen Vereinsgrößenklasse

| Mitglieder der Vereine | Anzahl der Vereine | Kinder 0 - 14 Jahre | %-Anteil der Mitglieder im Alter von 0 - 14 Jahren an der Gesamtmitgliederzahl |
|---|---|---|---|
| bis 50 | 1 345 | 7 906 | 9,66 % |
| 51 - 100 | 1 822 | 23 191 | 15,14 % |
| 101 - 200 | 2 713 | 70 068 | 19,88 % |
| 201 - 300 | 1 977 | 90 688 | 23,73 % |
| 301 - 500 | 2 361 | 172 327 | 27,58 % |
| 501 - 750 | 1 372 | 163 150 | 33,42 % |
| 751 - 1 000 | 623 | 100 448 | 34,07 % |
| 1 001 - 1 500 | 559 | 132 344 | 37,79 % |
| 1 501 - 2 000 | 171 | 63 661 | 35,96 % |
| 2 001 - 3 000 | 127 | 52 366 | 35,12 % |
| 3 001 und mehr | 36 | 25 311 | 37,85 % |

Quelle: Landessportbund NRW (Hrsg.), Vereinsstrukturanalyse 1978

Ein ähnliches Bild ergibt sich bei einer Aufschlüsselung nach dem Sportartenangebot: Je mehr Sportarten ein Verein anbietet, desto höher ist auch der relative Kinderanteil an der Mitgliederzahl.

Tabelle:

Anzahl der Sportvereinsmitglieder im Alter von 0 - 14 Jahren in Vereinen nach Sportarten sowie relativer Anteil der 0 - 14-jährigen Mitglieder an der Gesamtzahl aller Mitglieder in der jeweiligen Vereinsklasse

| Sportartenangebot der Vereine | Kinder 0 - 14 Jahre | %-Anteil der Mitglieder im Alter von 0 - 14 Jahren an der Gesamtmitgliederzahl |
|---|---|---|
| 1 Sportart | 288 428 | 21,4 % |
| 2 Sportarten | 122 468 | 30,8 % |
| 3 Sportarten | 112 468 | 33,7 % |
| 4 Sportarten | 97 757 | 35,5 % |
| 5 Sportarten | 78 649 | 36,7 % |
| 6 - 7 Sportarten | 113 289 | 37,2 % |
| 8 - 10 Sportarten | 61 155 | 36,1 % |
| 11 und mehr Sportarten | 27 053 | 34,1 % |

Quelle: Landessportbund NRW (Hrsg.), Vereinsstrukturanalyse 1978

Abgerundet wird dieses Bild, wenn man sich die Verteilung der Kinder auf die Vereine mit verschieden großem Sportartenangebot betrachtet: Zwar sind auch 32 % der Sportvereinsmitglieder im Alter von 0 - 14 Jahren in Vereinen mit nur einer Sportart organisiert, allerdings ist diese Zahl vergleichsweise gering in Anbetracht der Tatsache, daß solche Kleinvereine gut dreiviertel aller Vereine in Nordrhein-Westfalen ausmachen, und daß immerhin 43,1 % aller Vereinsmitglieder in solchen Vereinen organisiert sind:

Tabelle:

Verteilung der Vereinsmitglieder im Alter von 0 - 14 Jahren auf Vereine nach Sportarten im Vergleich zu den Gesamtmitgliedern (in %)

| Sportartenangebot der Vereine | Kinder 0 - 14 Jahre | Gesamtmitglieder |
|---|---|---|
| 1 Sportart | 32,0 % | 43,1 % |
| 2 Sportarten | 13,6 % | 12,8 % |
| 3 Sportarten | 12,5 % | 10,7 % |
| 4 Sportarten | 10,8 % | 8,8 % |
| 5 Sportarten | 8,7 % | 6,9 % |
| 6 - 7 Sportarten | 12,6 % | 9,8 % |
| 8 - 10 Sportarten | 6,8 % | 5,4 % |
| 11 und mehr Sportarten | 3,0 % | 2,5 % |
| | 100,0 % | 100,0 % |

Quelle: Landessportbund NRW (Hrsg.), Vereinsstrukturanalyse 1978

## 7.2 Exemplarische Analyse des Freizeitangebots für Kinder in typischen Wohnbereichen Nordrhein-Westfalens

### 7.2.1. Köln

Wie bereits erwähnt sind in Köln die Stadtteile und Stadtbezirke mit dem niedrigsten Sozialindex - also mit den Einwohnern der niedrigsten durchschnittlichen Schichtzugehörigkeit - zugleich die Regionen mit der höchsten Personenzahl pro Raum, den meisten Wohnungen pro Haus, der größten Einwohnerdichte und einem weit überdurchschnittlichen relativen Kinderanteil. In den Stadtteilen mit dem höchsten Sozialindex verhält es sich genau umgekehrt.
Durchschnittlich kommen in Köln 0,69 Personen auf einen Raum; in den Stadtteilen mit niedrigem Sozialindex (Vingst und Chorweiler) sind es aber 0,79 und 0,9 Personen pro Raum, zugleich haben diese Stadtteile einen Kinderanteil von 20,69 % bzw. 27,36 % der Gesamteinwohnerzahl;

in dem typischen Neubaugebiet Chorweiler sind durchschnittlich 46 - 47 Wohnungen in einem Haus untergebracht.
Die durchschnittliche Einwohnerdichte Kölns liegt zwar bei 25 Einwohner/ha. Diese relativ günstige Zahl wird aber nur dadurch erreicht, daß in den zum Stadtgebiet zählenden Bezirken am Stadtrand recht große Frei- und Grünflächen und auch Waldgebiete zur Verfügung stehen. In diesen Randgebieten wohnen allerdings nur sehr wenige Einwohner Kölns. Für den Großteil der Kinder sind diese Flächen durch die großen Entfernungen somit bedeutungslos und spielen in ihrem Alltagsleben keinerlei Rolle.
42,5 % der Kinder in Köln leben in Gebieten mit mehr als 50 Einwohner/ha. Zu diesen besonders dicht besiedelten Gebieten der Innenstadt und der daran angrenzenden Stadtteile kämen noch einige Stadtteile, die zwar insgesamt eine relativ geringe Dichte aufweisen, diese aber entweder durch größere Industrieflächen erreichen (Kalk, Mülheim) oder aber durch größere Grünflächen, die aber ihrerseits durch Eisenbahnstrekken und vielbefahrene Straßen vom Wohngebiet abgeschnitten sind und somit für Kinder nur schlecht erreichbar (Zollstock, Deutz, Niehl). Abgesehen von Schutzbegrünung, die durch Eisenbahn und Straßen von den Wohnbereichen getrennt ist, findet sich im inneren Bereich der Stadt keine nennenswerte Grünfläche größeren Ausmaßes. Auch in den anschließenden Stadtteilen wird der Zugang zu Frei- und Grünflächen nahezu ausschließlich durch verkehrsreiche Straßen behindert, zudem liegen diese Flächen fast ausnahmslos am stadtauswärtigen Rand der Wohnbereiche. Selbst in den Stadtteilen mit aufgelockerter Bebauung - wie etwa Klettenberg - läßt sich kein günstigeres Bild zeichnen, da eine Bespielung der Flächen kaum möglich ist: die Freiflächen in den Höfen sind häufig von den Parterrebewohnern als Kleingärten oder Erholungsgärten genutzt, den anderen Hausbewohnern ist der Zutritt dann untersagt, auf den als Vorgärten genutzten Freiflächen ist Spielen ohnehin untersagt.
Zu allem kommt hinzu, daß in allen erwähnten Gebieten die durchschnittliche Geschoßhöhe der Häuser relativ groß ist.

7.2.1.1 Offene Jugendeinrichtungen

Grundüberlegungen, Zielvorstellungen, Bedarf und Planung Offener Jugendeinrichtungen sind in Köln im Jugendhilfeplan der Stadt Köln, Teilplan 2: Offene Jugendeinrichtungen festgelegt.
Die Zielsetzung der Offenen Jugendeinrichtungen, die sich an eine Gesamtzielgruppe von 6- 25-jährigen Jugendlichen und Kindern richtet, orientiert sich weitgehend an der Hauptbenutzergruppe der 15 - 21-jährigen Jugendlichen. Die Aufgabe der Einrichtungen werden in der Ermöglichung sinnvoller Freizeitverbringung, Unterhaltung, Entspannung und Bildung für Kinder und Jugendliche gesehen.
"Die Jugendlichen sollen durch die Art der Beschäftigung und durch gemeinsames Tun (Gruppenarbeit) ihre eigenen Fähigkeiten und Begabungen entwickeln und Werte der Gemeinschaft kennenlernen. Gepflegt werden soll auch die Verbindung zu den Eltern der Jugendlichen." Daneben sollen diese Freizeitstätten aber auch emanzipatorische Funktionen erfüllen: "Die Freizeitstätten sollen die Emanzipation dadurch provozieren, daß sie die jugendlichen Besucher bereits als emanzipiert annehmen und ihnen aktive Mitwirkungsrechte und selbstverantwortliche Gestaltungsmöglichkeiten ihrer Freizeit einräumen" (Teilplan 2,2). Die Jugendarbeit der Offenen Jugendeinrichtungen soll sich im Lebensraum der Jugendlichen abspielen und sollte so konkrete Unterstützung in der Phase der Identitätsfindung geben. In diesem Zusammenhang sollte die Offene Jugendarbeit die Methoden der Sozialarbeit beinhalten, vorrangig soziale Gruppenarbeit und Gemeinwesenarbeit. Die Arbeit soll kein unverbindliches pluralistisches Angebot sein, sondern zielgruppenorientiert verfahren. "Voraussetzung hierfür sind Mitarbeiter mit den notwendigen pädagogischen und psychologischen Qualifikationen"(2).
Von diesen Überlegungen ausgehend wird die bisherige Einteilung der Offenen Jugendeinrichtungen in Einrichtungen der Offenen Tür und der Teiloffenen Tür aufgegeben und statt dessen 3 Typen kreiert:

- Lokale Einrichtungen
  "Typisch für diese Einrichtungen ist der kleinräumige Einzugsbereich und die konkrete zielgruppenbezogene Arbeit" (Teilplan 2, 6).
  Berechnungsgrundlage für eine Einrichtung sind 10 000 Einwohner. Die Einrichtung soll in der Regel in 15 min. Fußweg erreichbar sein. Die Raumplanung weist ca. 600 qm Nettofläche, verteilt auf verschiedene Geschosse und dazu 500 qm Freifläche aus.

- Regionale Jugendeinrichtungen
  Dieser Typ hat neben seiner Zielgruppenorientierung hauptsächlich Dienstleistungscharakter und soll formelle und informelle Gruppen ansprechen, "die sich in den lokalen Einricntungen gefunden haben. Diese Gruppen sollen in den regionalen Einrichtungen ihren spezifischen Bedürfnissen und Interessen nachgehen" (Teilplan 2, 6).
  Mit einer Berechnungsgrundlage von einer Einrichtung auf 30 000 Einwohner ist der Einzugsbereich dieser Einrichtungen typischerweise der Stadtteil oder Stadtbezirk. Einrichtungen dieses Typs sollen in 15 min. Fahrtzeit zu erreichen sein. Die Raumplanung weist ca 1 800 qm Nettofläche und ca. 1 200 qm Freifläche aus.

- Spezialisierte Jugendeinrichtungen
  Dieser Typ richtet sich an spezialisierten Interessen aus und bietet auf diese bezogene Aktivitätsmöglichkeiten. Insofern hat er fachspezifische Angebote und fachspezifische Leitung und ist von einem eindeutigen Dienstleistungscharakter geprägt. Das Einzugsgebiet ist demzufolge auch gesamt- oder zumindest teilstädtisch.

Der Situationsbericht zeigt, daß die in der Planung genannten Werte bei weitem nicht erreicht sind:

| | | |
|---|---|---|
| - Lokale Einrichtungen | Bestand | 31 |
| | Planung | 10 |
| | Fehlbestand | 49 - 54 |
| - Regionale Einrichtungen | Bestand | 5 |
| | Planung | 5 |
| | Fehlbestand | 22 |

| | | |
|---|---|---|
| - davon Mischeinrichtungen | Bestand | 3 |
| | Planung | 1 |
| | Fehlbestand | 6 |

Als die Stadtteile mit dem höchsten Bedarf und größten Fehlbestand an Lokalen Jugendeinrichtungen erweisen sich wiederum die Stadtteile mit dem niedrigsten Sozialindex, die also am stärksten von Einwohnern niedrigerer sozialer Schichten bewohnt werden.
In der Bedarfsfeststellung wird davon ausgegangen, daß 25 - 30 % der Jugendlichen in den jeweiligen Einzugsgebieten erreicht werden sollen. Eine Untersuchung über die Frequentierung ergab eine Benutzerquote von lediglich 18,5 % durchschnittlich. Dies bedeutet aber bei dem großen Fehlbestand an Einrichtungen immer noch eine Überlastung. Diese Überlastung schlägt sich auch darin nieder, daß die idealtypische Verteilung von einem hauptamtlichen Mitarbeiter auf 30 Jugendliche kaum irgendwo erreicht wird. Darüber hinaus wird eine Vielzahl von anderen gravierenden Mängeln registriert:

" 1. Die finanziellen Mittel stehen in keinem realistischen Verhältnis zur Aufgabe. ...

2. Die Anzahl der vorhandenen hauptamtlichen Mitarbeiter und ihre Qualifikation ist in der Regel unzureichend. Nur ca. 1/3 der hauptamtlichen Mitarbeiter - gemessen an den Stellenplänen - hat die gewünschte fachliche Qualifikation (Sozialarbeiter/Sozialpädagoge).

3. Die technische Grundausstattung der Jugendeinrichtungen ist in der Regel mangelhaft.

4. Der Standort stellt sich bei einem Teil der Einrichtungen als nicht zweckmäßig heraus" (Teilplan 2,2 f.).

Alle diese Defizite wirken sich besonders negativ für die Situation der Kinder in den Offenen Jugendeinrichtungen aus.

Wenn der Standort der Offenen Jugendeinrichtungen bei einem Teil als nicht zweckmäßig bezeichnet wird, so läßt sich daraus sicherlich ablesen, daß zumindest in der Vergangenheit die Standortwahl solcher Einrichtungen eher zufälligen Charakter hatte. Bebauungspläne werden federführend von der Hochbauverwaltung der Stadt entworfen und das Jugendamt muß zu ihnen höchstens gehört werden. Die Konzeptionen der Hochbauverwaltung gehen jedoch eher von einer Trennung verschiedener Handlungsräume aus. Dies umso mehr, als es so leichter ist, Grundstücke bereitzustellen. Besonders in den Kerngebieten der Stadt ist es schon schwierig, Grundflächen für isolierte Einrichtungen in der geforderten Größe bereitzustellen zu einem Preis, der den verantwortlichen Dienststellen für solche unrentierlichen Einrichtungen vertretbar erscheint. Praktisch ausgeschlossen ist es unter den herrschenden Kriterien der Grundstücks- und Bebauungspolitik, Flächen für integrierte Einrichtungen auszuweisen. Wenn es nun in dem Teilplan heißt, daß die Offene Jugendarbeit sich konkret im Lebensraum des Jugendlichen abspielen müssen (2), so wäre das gleiche für den Lebensraum der Kinder zu fordern, für den sich allein von der Entfernung her noch engere Grenzen ergeben würden. Die Frage, inwieweit die Offene Jugendeinrichtungen in die Handlungs- und Sozialräume von Kindern integriert sind, wird im Teilplan nur bezüglich der regionalen Einrichtungen gestellt. Dort sind Verbindungen mit anderen Einrichtungen, Schulen, Kindergärten u.a. als "weitere Planungsüberlegungen" angeführt. Dieser Gesichtspunkt wird jedoch nicht weiter konkretisiert, und es bleibt auch offen, ob dies nicht weit eher für die lokalen Einrichtungen von herausgehobener Relevanz wäre.

Ebenso wird die diagnostizierte mangelhafte technische Grundausstattung nicht weiter konkretisiert. Nur ist anzunehmen, daß gerade angesichts der unzulänglichen finanziellen Situation (Defizitgesichtspunkt 1) diese Mangelsituation eher in dem für die Hauptbenutzergruppe der 15 - 21-jährigen bedeutsamen Bereich gemildert wird, als daß etwa auf die Bedürfnislage der Kinder eingegangen würde. So stellt beispielsweise auch WERNER (1972) in seiner Bestandsaufnahme fest, daß in den Offenen Jugendeinrichtungen nur 36 % der Kindergruppen in eigenen Räumen stattfinden, hingegen für 64 % der Kindergruppen räumlich improvisiert werden muß.

Von besonderem Gewicht für die ungünstige Gesamtlage der Kinder in Offenen Jugendeinrichtungen dürfte die angespannte

Personalsituation sein. Die Besuchshäufigkeit der Kinder (bis 14 Jahre) liegt aus naheliegenden Gründen bei einer Öffnungszeit am Nachmittag und frühen Abend erheblich höher. Jedoch wird bei angespannter Personalsituation weit eher später als früher geöffnet. Dies hängt einerseits damit zusammen, daß auf jeden Fall die berufstätigen Jugendlichen erreicht werden sollen, andererseits damit, daß den dann verstärkt eingesetzten Honorarkräften die Abendstunden genehmer sind. Hier schlägt dann auch die mangelnde fachliche Qualifikation voll zu Buche. Haben schon 1/3 der hautamtlichen Mitarbeiter nicht die gewünschte fachliche Qualifikation als Sozialpädagogen oder Sozialarbeiter, so ist nach Auskunft des für die Offenen Jugendeinrichtungen zuständigen Stadtjugendpflegers die fachliche Qualifizierung für die Arbeit mit Kindern noch weit ungünstiger zu veranschlagen.

Wenn in dem Teilplan angemerkt wird, daß "die Arbeit mit den Kindern von 6 - 12 Jahren und deren Eltern in der Offenen Einrichtung mehr Bedeutung und Eigenständigkeit beigemessen werden" (8) muß, so ist dies zwar zu begrüßen, da hiermit ein offenkundiger Mangelzustand angesprochen wird. Andererseits ist unter den eben diskutierten Zusammenhängen kaum anzunehmen, daß sich an der desolaten Situation für Kinder in absehbarer Zeit etwas verändern wird. Wenn festgestellt wird, daß in vielen Einrichtungen "die Jugendarbeit eingeschränkt und die Kinderarbeit erweitert wird, da diese eher durch Honorar- und ehrenamtliche Mitarbeiter geleistet werden kann " (Teilplan, 3), so weist dies keine Perspektive auf, die zu einer Verbesserung der Situation der Freizeit der Kinder in Offenen Jugendeinrichtungen führen würde, sondern ist eher als ein defensives Reagieren auf die fatale Situation der Offenen Jugendeinrichtungen insgesamt zu verstehen, das zudem noch auf einem fachlichen Mißverständnis bezüglich der Aufgaben und Schwierigkeiten der Offenen Arbeit mit Kindern beruht.

Für die Spiel- und Bewegungsmöglichkeiten der Kindern in den Offenen Jugendeinrichtungen kann unter den gegebenen Bedingungen nur festgehalten werden, daß hier sicherlich keine neuen komplexeren Erfahrungen erlebbar werden, sondern vielmehr umgekehrt die Erfahrung vermittelt wird, daß Freizeit gerade nicht primär in feinmotorisch koordinierter und großräumig angelegter Bewegung besteht und daß es zudem am günstigsten ist, sich passiv dem Freizeitgehabe der älteren Jugendlichen anzupassen.

7.2.1.2 Kinderspielplätze

Grundlage zur Beurteilung der Spielplatzsituation in der Stadt Köln ist der Jugendhilfeplan der Stadt Köln, Teilplan 1: Spielplätze. Der Datenbestand bezieht sich auf die Jahre 1973/74, also noch auf das alte Stadtgebiet vor der kommunalen Gebietsreform von 1975. Allerdings wurden die Daten auf den Stand von 1979 hin überprüft.

Zielsetzung:
Spielplätze werden in dem Teilplan 1 als notwendige Einrichtungen bezeichnet, andererseits wird ihr Notlösungscharakter herausgestellt.
Da der junge Mensch noch weitgehend trieb- und neugierbestimmt sei, "braucht (er) die verschiedensten Reize in seiner Umwelt, die er im Spiel verarbeiten und bewältigen lernen kann. Fehlt diese Vielfalt bzw. wächst das Kind in einer reizarmen bzw. exstrem einseitigen, beengten Welt auf, wird es zwar überleben, man muß sich aber dann nicht wundern, wenn später notwendige soziale Verhaltensweisen, wie Initiative, Selbstbestimmungsfähigkeit, Kreativität, Kommunikationsfähigkeit oder Identifikation fehlen oder unterentwickelt sind. Die glatten Betonfassaden in Vorstädten sprechen für sich selbst. Wer als Kind permanent gegen Mauern läuft, von dem ist Flexibilität später nicht zu erwarten. Er wird immer in engen Grenzen denken und zeigt Affinität zur autoritären Persönlichkeit (ADORNO) ... Die Enge der Wohnungen in der Enge der städtischen Wohnquartiere mit ihrer Sterilität vor allem in Neubaugebieten, damit die fehlenden Identifikationspunkte und die selten gewachsenen Nachbarschaften, machen die Lage des Kindes, für das ein erlebnisreicher Eigenraum unerläßlich ist, überdeutlich ... unsere Städte sind Ergebnisse einer funktionalen Entmischung verschiedenster Erlebnisbereiche ... Das Kind erlebt eine ihm fremde Trennung bzw. Isolierung der als nicht

trennbar empfundenen Bereiche" (Teilplan 1, 5 f.). Dem "freien Spiel" werden Möglichkeiten zugesprochen, Ausfallerscheinungen im Bereich der (manuellen) Kreativität und im Bereich des Sozialverhaltens aufzuarbeiten. "Da (aber) Spielplätze als funktional desintegrierte, künstlich geschaffene Freiräume angesehen werden müssen, können sie bestenfalls eine Ersatzfunktion für die integrierte Spielwelt bekommen. Das führt zu der Forderung nach Bedürfnis- und Altersorientierung bei der Einrichtung, da in der Regel der Aufbau einer nicht getrennten Spielwelt kaum möglich ist. ... Doch muß der Versuch gemacht werden, u.a. durch die räumliche Zuweisung von Flächen, dieser Desintegration Halt zu gebieten, vielmehr Spielplätze und tägliche Umwelt wieder stärker miteinander zu verbinden. ... Vor allem Verbindungen der Bereiche Wohnen, Versorgung (Einkauf etc.), Freizeit mit der Spielwelt lassen sich ermöglichen" (Teilplan 1, 8). Allerdings ist "es in der Regel in bebauten Gebieten nachträglich nicht möglich ..., eine größere total bespielbare Umwelt zu schaffen", deshalb "müssen die vorhandenen und noch einzurichtenden Flächen wenigstens den wichtigsten altersspezifischen Spielbedürfnissen entgegenkommen" (Teilplan 1, 10). Grundlage der Planungsüberlegungen sind die Richtwerte des Goldenen Planes (Deutsche Olympische Gesellschaft 1962):

| | |
|---|---|
| 3 - 6-jährige | o,5 qm Nettospielfläche pro Einwohner |
| 7 - 12-jährige | o,5 qm Nettospielfläche pro Einwohner |
| 13 - 17-jährige | 1,0 qm Nettospielfläche pro Einwohner |
| insgesamt | 2,0 qm Nettospielfläche pro Einwohner |
| plus | 1,0 qm für Wege, Anpflanzungen etc. |

Eine bedarfsgerechtere mittelfristige Bedarfsberechnung auf der Grundlage der Benutzergruppe ergibt für die Altersgruppe der Kinder und Jugendlichen von 6 - 18 Jahren die Meßzahl von 10 qm Nettofläche pro Kind/Jugendlicher.

Die Spielplätze werden nach folgenden Typen gegliedert:

I Pädagogisch betreute Aktivspielplätze (Abenteuerspielplätze, Bauspielplätze, Gerümpelplätze, Kreativspielplätze)

II Ballspielplätze, Bolzplätze

III Rasenflächen

IV Geräte-, Wasser-, Sandspielplätze
V Rollschuhbahnen, Asphaltflächen

In der Entfernungsberechnung wird davon ausgegangen, daß die Entfernung ein entscheidender Faktor für die Benutzung ist; zudem wird berücksichtigt, daß verkehrsreiche Straßen ebenso wie Fabrikgelände, breite Park- und Grünflächen und Eisenbahnlinien für Kinder natürliche Grenzen sind.

Tabelle:

Größenklassen und Entfernungen für Spielplatztypen in Köln

| | Größe in qm | | | |
|---|---|---|---|---|
| Typen | Minimum | Maximum | Optimum | Entfernung von Wohnung |
| I Aktiv | 1 800 | 4 000 | 3 000 | 600 - 800 m |
| II Ball | 600 | 1 500 | 1 000 | 200 - 400 m |
| III Rasen | 1 000 | - | 4 000 | 1 000 m |
| IV Geräte | 500 | 2 000 | 1 200 | 200 m |
| V Asphalt | 500 | 1 500 | 1 000 | 200 - 400 m |

Um die Bedürfnis- und Altersorientierung in dem Spielplatzangebot zu gewährleisten, wird eine prozentuale Verteilung der verschiedenen Spielplatztypen je Bezirk angestrebt.

Tabelle:

Prozentuale Verteilung der Spielplatztypen pro Bezirk

| | | |
|---|---|---|
| Typ I | ca. 10 % | Aktivfläche für 6 - 15-jährige |
| Typ II | ca. 30 % | Ballfläche für 8 - 18-jährige |
| Typ III | ca. 30 % | Rasenfläche für alle Altersgruppen |
| Typ IV | ca. 20 % | Gerätefläche für 4 - 10-jährige |
| Typ V | ca. 10 % | Rollschuhbahn für 5 - 15-jährige |

Zusätzlich zu den isolierten Spielplätzen sind im großstädtischen Raum auch drei komplexere Alternativen in der Diskussion:

- Kombinationsspielplätze mit Spielhäusern und/oder Jugendfreizeiteinrichtungen, die mehrere Spielplätztypen mit verschiedenen Ausstattungen miteinander verbinden,

- Spielparks oder Freizeitparks, die pädagogisch betreut werden und mit Gebäuden für Schlechtwetter ausgestattet sind. Diese Einrichtungen hätten regionalen Charakter und einen Einzugsbereich von 2 km,

- integrierte Fußgängerbereiche, d.h. Spielwege und Spielzonen im Wohn- und Versorgungsbereich.

Die Alternativen entsprächen noch am ehesten der Forderung nach nichtisolierter Spielwelt, kämen aber wohl nur bei Neuplanungen von größeren Siedlungsgebieten in Frage. Realistischer für die Beurteilung der Spielplatzsituation sind wohl die z.T. schon praktizierten Notlösungsalternativen oder zusätzlichen Möglichkeiten von Spielbereichen:

- Marktplätze und Spielstraßen

- Schulhöfe. Gerade für diesen Bereich wird aber in letzter Zeit immer stärker die Unfallgefahr herausgestellt, die es nicht zulasse, Bewegungsspiele auszuüben. Nach Mitteilung des Hartmannbundes ereigneten sich allein in Nordrhein-Westfalen 270 000 Schulunfälle, davon 104 tödliche. Wenn diese Unfälle sich auch in der Schulzeit ereigneten, so bleibt die Gefährlichkeit des Geländes für die Freizeit dennoch bestehen. Als Gründe werden Betonböden, kantige Blumentröge u.a. genannt.

- Spielwagen. Das Kölner Modell des Spielwagens wird nicht als Ersatz, sondern als zusätzliches Spielangebot mit pädagogischer Leitung in Gebieten mit geringer Spielplatzversorgung angesehen. Allerdings gibt es gerade in diesen Gebieten häufig Aufstellungsprobleme oder Probleme der Abgrenzung zu Straßen, was wegen der damit verbundenen Haftungsfragen von Gewicht ist.

Realisierung:

Das Spielplatz- bzw. Spielflächenangebot stellte sich zum Berechnungszeitpunkt wie folgt dar:

| | Angebot | Ziel | Fehlbestand |
|---|---|---|---|
| Spielplätze | 322 (darunter 35 geplante) | | |
| Nettogesamtfläche | 919 505 m | | |
| qm pro Einwohner | 1,13 | 1,5 | 0,37 |
| qm pro 6 - 18-jährige | 7,05 | 10,0 | 2,95 |

Eine Detailbetrachtung läßt die Gesamtsituation allerdings weit ungünstiger erscheinen. "... im Gegensatz zu Neubaugebieten, wo u.a. durch die Ortssatzung wohnungsnahe Kleinkinderspielplätze meist ausreichend entstanden sind, (fehlen) vor allem in der Innenstadt selbst die Spielplätze fast ausnahmslos. D.h. daß in diesen Wohngebieten den Kindern in der Regel noch mehr Spielfläche fehlt als die Fehlbedarfszahlen dieser Analyse zeigen. Tendenziell müssen dort die Bedarfszahlen weiter erhöht werden ..., d.h. daß der Bedarf nach Sandkästen und Gerätespielplätzen höher ist als rechnerisch angenommen" (Teilplan 1, 18). So wurde "bereits in den Leitplan-Grundlagen festgestellt, daß in manchen dichtbesiedelten Gebieten nur 20 % der von der DOG geforderten Flächen für Kleinkinder vorhanden ist", nicht zuletzt deshalb, "da vor allem bei Gebieten mit knapper Bodenfläche offenbar 'großzügig' verfahren wird" (Teilplan 1, 17). So steht der Bedarf an Kinderspielplätzen "in ungünstiger Konkurrenz zu anderen, 'rentablen' Nutzungen von Grundstücken" (9), so daß die Spielflächen und -plätze "Abfall der Bebauungsplanung sind" (8). Die Entscheidungskompetenz für Flächenplanung liegt beim Stadtplanungsamt und beim Grünflächenamt, das auch für die bauliche Einrichtung und pflegerische Betreuung der Spielflächen verantwortlich ist. Das Grünflächenamt selbst ist allerdings beim Tiefbaudezernat angesiedelt.

So bleibt festzuhalten, daß auch in bezug auf Kinderspielplätze die dichtbesiedelten Stadtteile mit hohem relativem Kinderanteil und niedrigem Sozialindex besonders stark unterversorgt sind.

Auch hinsichtlich der Ausstattung nach verschiedenen Spielplatztypen ergibt sich ein ungünstiges Bild:

| | gesamt in qm | nach Spielplatzfunktionen | | |
|---|---|---|---|---|
| | | I Aktiv | II Ball | III Rasen |
| Flächenbestand | 919 505 | 16 750 | 134 220 | 437 440 |
| Bedarf | 1 305 060 | 130 506 | 391 518 | 391 518 |
| Fehlbestand | - 385 555 | - 113 756 | - 257 298 | + 45 922 |

| | IV Geräte | V Asphalt |
|---|---|---|
| Flächenbestand | 281 725 | 40 270 |
| Bedarf | 261 012 | 130 506 |
| Fehlbestand | + 20 713 | - 90 236 |

Es ist also lediglich in bezug auf die Gerätespielplätze für den Gesamtbedarf der Stadt ein geringer Überhang festzustellen, wobei auch hier regional erhebliche Einschränkungen gemacht werden müssen. Die Spielplatztypen, die besonders dem Aktivitäts-, Gestaltungs- und Bewegungsdrang der Kinder entgegenkommen und denen der Ermöglichung des "freien Spiels" eine besondere Funktion zugeschrieben wird, Ausfallerscheinungen im Bereich der Kreativität und im Bereich des Sozialverhaltens aufzuarbeiten, sind bei weitem schlechter vertreten. Da bei der Bedarfsdeckung verstärkt noch bei knappen Finanzmitteln die Deckung des absoluten Bedarfs (also des quantitativen) den Vorrang hat vor einer relativen (also qualitativen) Bedarfsdeckung, ist davon auszugehen, daß bis ins neue Jahrtausend eine beträchtliche Unterversorgung an Spielplätzen, die tatsächlich für das Spiel- und Bewegungsverhalten der Kinder von Bedeutung sind, bestehen bleibt.

Auch eine Betrachtung der Ausstattung und Erhaltung der Spielplätze kann das ungünstige Gesamtbild nur noch zusätzlich trüben: "Jede Beobachtung auf konventionellen Spielplätzen (und diese sind in Köln bei weitem in der Überzahl / Anm. d. Verf.) zeigt ..., daß Erwachsene Spielplätze schaffen, die ihren Vorstellungen von Zweckmäßigkeit, Nützlichkeit, Gefahrlosigkeit und Schönheit entsprechen, von Kindern aber genutzt werden sollen. Es werden daher häufig architektonisch schöne Plätze (Rosenbeete) mit unverwüstlichen (Eisen, Beton), dicht beieinander stehenden Geräten ... angelegt, die aber ... wenig besucht sind" (Teilplan 1, 6). "Bei Spielplatzbegehungen konnten einige Asphaltplätze nicht betreten werden, weil der Regen vor mehreren Tagen einen 'See' hinterlassen hatte, der den Zugang versperrte. Das Wasser konnte nicht einmal versickern" (Teilplan 1, 11).

Dies sind nur einige Beispiele für eine Vielzahl möglicher. All dies hat natürlich unmittelbare Auswirkungen auf die Spielplatzbenutzung durch die Kinder.

Spielplatzbenutzung:
Die Art der Nutzung schwankt stark je nach Spielplatztyp. Da zur Nutzung allerdings für Kinder nur die Spielplätze in Frage kommen, die in unmittelbarer Wohnungsumgebung liegen, dürften zur Beschreibung der Spielplatznutzung die lediglich 4 Bauspielplätze der Gesamtstadt irrelevant sein. Von zentraler Bedeutung ist der dominante Spielplatztyp; der Gerätespielplatz. "Ein erheblicher Teil auch größerer und reichhaltiger ausgestatteter (konventioneller) Plätze war an normalen, sonnigen Werktagsnachmittagen völlig unbenutzt. Nur zum Teil konnte als Faktor ungünstige Lage angenommen werden" (Teilplan 1, 10). Weit eher ist anzunehmen, daß dieser Spielplatz einfach nicht den Spielbedürfnissen von Kindern und Jugendlichen entspricht, sondern eher dem Ruhebedürfnis älterer Menschen entgegenkommt und der Vorstellung Erwachsener vom gesitteten Spielen der Kinder. Die Wünsche der Kinder bewegen sich in ganz andere Richtung, wie beispielsweise der Pädagoge HEINRICHs feststellt: "96 Prozent aller Kinder wünschen sich Geräte, die im Spielzeughandel nicht erhältlich sind: alte Busse, ausgediente Eisenbahnwagen, Autos, Gartenhäuser, Zelte, Röhren, Baumstämme, Kisten, alte Möbel, Autoreifen, Styroporwürfel, Tonnen, Seile und Taue, Eimer, Pinsel und Farbe, dazu Malwände. Außerdem Werkzeuge aller Art. Schon bei der Aufzählung der einzelnen Materialien fällt auf, daß von den Kindern unterschiedliche Funktionsbereiche verlangt werden" (SJD -Die Falken - Hrsg., 15).
Die Mehrzahl dieser Geräte wird allerdings von den Stellen, die für die Ausstattung von Spielplätzen zuständig sind, wegen möglicher Verletzungsgefahren und der umstrittenen Haftung entschieden abgelehnt.
"Andererseits waren einige relativ schlecht ausgestattete Plätze relativ hoch frequentiert (auch von Jugendlichen). Doch schien in diesen Fällen eher der Mangel an sonstigen Aufenthaltsmöglichkeiten die Ursache zu sein" (Teilplan 1, 10). Dies deutet an, daß die Nutzungschancen und die Nutzung

einzelner Freizeitbereiche für Kinder nicht isoliert von der Situation anderer Einrichtungen gesehen werden kann. In Bereichen mit sehr geringen Aufenthaltsmöglichkeiten geraten die Kinder in Konkurrenz zu anderen Altersgruppen, die "sich jedoch aufgrund ihres (körperlichen) Entwicklungsstandes häufig gegenseitig ausschließen" (Teilplan 1, 11). Es ist klar, daß in dieser Konkurrenzsituation jeweils die Schwächeren zu kurz kommen, die Chance zur Nutzung besonders von Bewegungsspielplätzen für Kinder überhaupt nur gegeben ist, wenn eine Überversorgung vorliegt, da Kinder sonst von den älteren Altersgruppen verdrängt werden. Aber für diese Spielplatztypen liegt sogar eine beträchtliche Unterversorgung vor. Folge des häufigen Besuchs von Jugendlichen auf Kinderspielplätzen sind auch aggressive "Umgestaltungsversuche", die in herumliegenden Flaschenscherben, Verwüstungen, Zerstörungen und Verbrennungen sichtbar Ausdruck erhalten. "Derartige destruktive Verhaltensweisen werden sicher immer dann auftreten, wenn für ältere Jugendliche (vor allem abends und an Wochenenden) kein adäquates Freizeit-Beschäftigungsangebot vorhanden ist. ... das jetzige Ausmaß (muß) als Indikator für einen Mangel von Aufenthalts- und Betätigungsmöglichkeiten interpretiert werden" (Teilplan 1, 14). Nach Sichtung der unterschiedlichsten Materials zum Spielplatzbesuch und zum Spielverhalten auf öffentlichen Spielplätzen kommt der Bericht zur Situation des Kindes in Nordrhein-Westfalen zu dem Schluß: "Untersuchungen und Beschreibungen des Spielverhaltens der Kinder auf öffentlichen Spielplätzen weisen nach, daß die Spielabläufe durch die einseitige Auswahl der Geräte (Klettergerüste aller Art, Rutschen, unstrukturierte, wenig geschützte Sandkästen) und die Art ihrer Aufstellung, die jeweils ganz bestimmte Spielabläufe und -bahnen anregen, eingeengt und manipuliert werden (HÖLTERSHINKEN 1975, SCHOTTMEYER 1976). Es kommt zu monotonen, sich wiederholenden, lediglich kurz andauernden und vorherrschend individuellen Spielabläufen. Die Plätze bieten in der Regel keine Gelegenheit zu selbstbestimmten, kreativen und kooperativen Tätigkeiten und sind auch keine Orte, vor allem auch für ältere Kinder, auf denen ein Erfahrungsaustausch möglich ist" (MAGS NW 1981, 160).

Eine eigene, im Rahmen einer Lehrveranstaltung an der Universität Köln von Studenten durchgeführte Untersuchung über das Verhalten von 2- bis 6-jährigen Kindern mit Begleitpersonen auf Kinderspielplätzen deutet auch darauf hin, in welch starkem Ausmaß die Möglichkeiten und Chancen des "freien Spiels" gerade für kleinere Kinder von den Begleitpersonen unterbunden wird, und daß das Sozialverhalten der Kinder auch von der Eingriffshäufigkeit und -art der Begleitperson bestimmt wird.
Ein auffallender Unterschied zeigt sich bereits bei der Verteilung der Eingriffsarten in Abhängigkeit von der Eingriffshäufigkeit der Begleitpersonen:

| Eingriffsarten (in %) | bei hohen Eingriffszahlen der Begleitpersonen | bei niedriger Eingriffszahl |
|---|---|---|
| bestimmend/gebietend | 25 | 26 |
| eingeengt/verbietend | 23 | 9 |
| bestrafend | 7,5 | 4 |
| helfend | 27 | 32 |
| ermutigend/belohnend | 13 | 17 |
| schützend | 4,5 | 12 |

55,5 der Eingriffe der Begleitpersonen mit hoher Eingriffszahl waren also einengend, bestimmend und bestrafend.

Entsprechende Auswirkungen stellten sich auch bei den beobachteten Kindern ein. Hatten Kinder mit niedrigen Eingriffszahlen 4 und mehr Interaktionspartner, so spielten Kinder mit hoher Eingriffszahl im Durchschnitt nur mit 2 anderen Kindern. Auch die Dauer der Kontakte zu anderen Kindern wies deutliche Unterschiede auf:

| Dauer der Kontakte | hohe Eingriffszahl der Begleitpersonen | niedrige Eingriffszahl |
|---|---|---|
| kurzer Kontakt | 66 % | 49 % |
| mittlerer Kontakt | 33 % | 38 % |
| längerer Kontakt | 1 % | 13 % |

Auch die Inhalte der Interaktionen der Kinder waren nach Eingriffshäufigkeiten sehr unterschiedlich:

| Interaktionen der Kinder | bei hoher Eingriffszahl | bei niedriger Eingriffszahl |
|---|---|---|
| Kontakt suchend | 31 % | 13 % |
| für sich beschäftigt | 25 % | 22 % |
| aggressives Verhalten | 13 % | 14 % |
| isoliert-abgrenzendes Verhalten | 7 % | 2 % |
| dominantes Verhalten | 7 % | 8 % |
| konkurrierendes Verhalten | 6 % | 9 % |
| kooperatives Verhalten | 5 % | 23 % |

Besonders auffallend ist, daß Kinder mit hoher Eingriffszahl der Begleitpersonen sehr stark nach Kontakt suchen, während Kinder, die nicht oft gestört werden, relativ häufig kooperatives Verhalten zeigen.
Interessant ist in diesem Zusammenhang, daß die Zahl der Eingriffe anläßlich der "Unterstützungsbedürftigkeit" der Kinder erheblich höher liegt als die Zahl der von den Kindern signalisierten Bedürfnisse nach Hilfe und Unterstützung. Die Begleitpersonen verfügen also offensichtlich über eine implizite Theorie der Hilfsbedürftigkeit von Kindern, die nicht von den Kindern selbst abgesichert wird. Diese Einstellung zum Kind als einem primär hilfsbedürftigen Wesen schlägt sich aber als eine einengende und beschränkende Haltung der Erzieher nieder, wie sich sowohl an den Eingriffsarten der Begleitpersonen wie an den Interaktionsarten der von den Eingriffen betroffenen Kinder zeigen läßt. Helfendes Verhalten der Kinder untereinander ist kaum zu beobachten, da es bereits durch voreiliges helfendes Eingreifen der Begleitpersonen weitgehend verhindert wird. So werden die Konflikte der Kinder durch die begleitenden Erzieher auch nicht einer Lösung zugeführt, sondern werden durch Strafen oder Standortwechsel verdrängt. Zwischen den Kontaktschwierigkeiten und der Ängstlichkeit der Kinder und der impliziten Theorie der kindlichen Hilfsbedürftigkeit dürfte von da her ein enger Zusammenhang bestehen.

In diesem Zusammenhang muß allerdings auch erwähnt werden, daß eine interkulturell-vergleichende Untersuchung (BELLAK und ANTELL 1974) nachweist, daß sich Eltern deutscher Kinder auf Kinderspielplätzen hochsignifikant aggressiver gegenüber ihren Kindern verhalten als beispielsweise Eltern dänischer oder italienischer Kinder. Entsprechend konnten auch hochsignifikant mehr aggressive Handlungen zwischen deutschen Kindern beobachtet werden als zwischen italienischen oder dänischen Kindern. Eigene Beobachtungen auf Spielplätzen in Ungarn, Polen und der CSSR bestätigen die herausgehobene Stellung Deutschlands in bezug auf Aggressivität gegenüber Kindern bzw. unter Kindern. Die Beobachtung, daß das Aufsichts- und Kontrollverhalten der Begleitpersonen durch die überwiegende Anordnung der Spielplätze (Sitzbänke als Abgrenzung) restriktiv verstärkt wird, deutet darauf hin, daß einiges von diesen Problemen bei anderer Spielplatzgestaltung vermieden werden könnte; dies insbesondere, wenn verstärkt andere Spielplatztypen zur Verfügung ständen.
Allerdings haben die zur Zeit bestehenden Aktiv-, Bau- und Abenteuerspielplätze noch weitgehend Ghettocharakter. Ohne die positiven Aspekte dieses Spielplatztyps leugnen zu wollen (vgl. u.a. BENGTSSON 1971), muß doch darauf hingewiesen werden, daß dort genau das erlaubt sein soll, was in den anderen Lebens- und Spielbereichen der Kinder nicht oder nur eingeschränkt erlaubt ist. Dieser Ausdruck der Desintegration der verschiedenen Tätigkeits- und Lebensbereiche stellt für den Transfer der positiven Sozialverhaltensweisen der Kinder auf Aktivspielplätzen ein beträchtliches Problem dar. Solange diese Einrichtungen in ihrer isolierten Ghettolage verbleiben, könnte sich durchaus der Lerneffekt einstellen, daß bestimmte Verhaltensweisen <u>nur</u> dort gestattet sind, in anderen Lebensbereichen also noch ein zusätzlicher Abbau stattfindet.
Für Lernleistungen der Kinder im Bereich der Kreativität und des Sozialverhaltens sowie für die Übertragbarkeit des Gelernten wäre die Verbindung dieser Spielplätze mit anderen Sozialisationsinstitutionen und die Integration in andere Lebensbereiche weit günstiger, wofür es insbesondere in Dänemark und Schweden eindrucksvolle Beispiele gibt.

### 7.2.1.3. Sportstätten und Sportvereinsmitgliedschaften

Das Sportstättenangebot der Stadt Köln stellt sich wie folgt dar (Quelle: Sport- und Bäderamt, Sport in Köln, 1977):

| Einwohner | gedeckte Sportfläche | ungedeckte | gesamt |
|---|---|---|---|
| 982 160 | 134 913 qm | 1 700 680 qm | 1 835 593 qm |

Daraus ergibt sich ein Bestand von

| | |
|---|---|
| 0,13 qm/Einwohner | an gedeckter Fläche |
| 1,67 qm/Einwohner | an ungedeckter Fläche |
| 1,80 qm/Einwohner | an Sportfläche insgesamt |

Eine Aufgliederung nach den einzelnen Stadtbezirken ergibt allerdings erhebliche Unterschiede:

| | |
|---|---|
| Bezirk I (Innenstadt) | 0,47 qm/Einwohner Gesamtsportfläche<br>3,29 qm/Kind (0 - 14 Jahre) |
| Bezirk II (Rodenkirchen) | 1,39 qm/Einwohner<br>8,21 qm/Kind |
| Bezirk VIII (Kalk) | 1,61 qm/Einwohner<br>8,00 qm/Kind |
| Bezirk IX (Mülheim) | 1,64 qm/Einwohner<br>8,66 qm/Kind |
| Bezirk V (Nippes) | 1,93 qm/Einwohner<br>11,38 qm/Kind |
| Bezirk VII (Porz) | 1,97 qm/Einwohner<br>9,01 qm/Kind |
| Bezirk IV (Ehrenfeld) | 2,02 qm/Einwohner<br>11,38 qm/Kind |
| Bezirk VI (Chorweiler) | 2,49 qm/Einwohner<br>9,55 qm/Kind |
| Bezirk III (Lindenthal) | 3,85 qm/Einwohner<br>27,16 qm/Kind |

Hervorzuheben ist die exstreme Unterversorgung in der Innenstadt und die günstige Situation in Lindenthal, die jedoch darauf zurückzuführen ist, daß in diesem Bezirk die Sportanlagen des Hauptstadions, der Sporthochschule und großer zentraler Sportvereine der Stadt angesiedelt sind.

In bezug auf die Versorgung mit Bädern läßt sich für alle Stadtbezirke feststellen, daß diese sowohl quantitativ wie qualitativ unter dem liegt, was als Minimum anzusetzen wäre.

Besonders hoch ist der Fehlbestand in:

| | | | | | |
|---|---|---|---|---|---|
| Bezirk I (Altstadt/Neustadt) | mit | 119 919 | EW | auf | 1 Bad |
| Bezirk V (Nippes) | mit | 116 924 | EW | auf | 1 Bad |
| Bezirk IX (Mülheim) | mit | 146 439 | EW | auf | 1 Bad |

Im Stadtgebiet Köln waren im Jahre 1977 in Sportvereinen organisiert:

| | total | männlich | weiblich |
|---|---|---|---|
| 0 - 6 Jahre: | 3 904 | 1 761 (45,11 %) | 2 143 (54,89 %) |
| 7 - 14 Jahre: | 34 311 | 20 003 (58,30 %) | 14 308 (41,70 %) |
| gesamt: | 127 321 | 81 919 (64,35 %) | 45 402 (35,65 %) |

Das sind an Prozentanteilen aller Sportvereinsmitglieder

bei 0 - 6-jährigen 3,05 %

bei 7 - 14-jährigen 26,94 %

Der Organisationsgrad lag im Stadtgebiet im Vergleich zu NRW:

| | Stadt Köln | | NRW |
|---|---|---|---|
| 0 - 6 Jahre | 5,94 % | von 65 649 | 6,25 % |
| 7 - 14 Jahre | 30,68 % | von 118 835 | 37,80 % |
| gesamt | 13,00 % | von 982 160 | 18,34 % |

In allen Altersgruppen ergibt sich für die Stadt Köln also ein unterdurchschnittlicher Anteil an Sportvereinsmitgliedern in Relation zum Landesdurchschnitt. Auch auf die einzelnen Stadtbezirke bezogen ergeben sich hinsichtlich des Organisationsgrades der Kinder gravierende Unterschiede:

| Bezirk | Organisationsgrad in % | | |
|---|---|---|---|
| | 0 - 6 Jahre | 7 - 14 Jahre | über 14 Jahre |
| I (Innenstadt) | 3,47 | 23,20 | 6,65 |
| II (Rodenkirchen) | 8,78 | 36,17 | 13,56 |
| III (Lindenthal) | 5,54 | 21,60 | 12,12 |
| IV (Ehrenfeld) | 6,78 | 32,84 | 10,78 |
| V (Nippes) | 4,97 | 29,39 | 9,73 |
| VI (Chorweiler) | 5,58 | 20,58 | 10,88 |
| VII (Porz) | 5,93 | 34,69 | 13,76 |
| VIII (Kalk) | 0,70 | 17,24 | 6,96 |
| IV (Mülheim) | 9,10 | 38,81 | 9,26 |

Quelle: Sport in Köln

Der größte Teil der 0 - 14-jährigen ist in Vereinen organisiert, die mindestens 500 Mitglieder haben, vorzugsweise in solchen mit über 1 000 Mitgliedern, die neben der Vereinsgröße sich auch durch ein breit gefächertes Angebot und durch Spezialangebote für Kinder auszeichnen. Als Erklärung für die starken Unterschiede in den verschiedenen Stadtbezirken muß also auch herangezogen werden, ob in den jeweiligen Stadtbezirken derartige Vereine stärker oder schwächer vertreten sind. Dies erklärt auch den relativ hohen Kinderanteil an Vereinsmitgliedern in Mülheim, Rodenkirchen und Porz.
Der überaus niedrige Organisationsgrad in Kalk und in der Innenstadt läßt sich wohl auf das ungünstige Sportstättenangebot zurückführen. Für diese Stadtbezirke muß zusätzlich berücksichtigt werden, daß in Kalk der prozentuale Anteil von Familien der Arbeiterschicht, in der Innenstadt der prozentuale Anteil an Gastarbeiterfamilien besonders hoch ist. Beide Gruppen sind aber zugleich diejenigen mit dem niedrigsten Anteil an Sportvereinsmitgliedschaften. Auffällig hingegen ist der geringe Anteil von Vereinsmitgliedern in der Altersgruppe der 0 - 14-jährigen im Bezirk III (Lindenthal), der die mit Abstand beste Versorgung mit Sportflächen von allen Bezirken aufweist. Hier spielen mehrere Faktoren zusammen. Den meisten Sportanlagen kommt überregionale Funktion zu, die im Stadtbezirk angesiedelten Sportvereine haben häufig auch überregionalen Einzugsbereich und sind stark auf Leistungs- und Wettkampfsport ausgerichtet, zudem liegen die Sportanlagen in diesem Stadtbezirk nicht zuletzt wegen ihrer überregionalen Bedeutung in den am dünnsten besiedelten Stadtteilen, wohingegen die Stadtteile mit der größten Einwohnerdichte und dem höchsten relativen Kinderanteil (Klettenberg, Sülz, Braunsfeld) besonders schlecht mit Sportstätten versorgt sind.
Bei der Verteilung der Kinder, die Mitglieder in Sportvereinen sind, auf die einzelnen Sportarten zeigt sich ein ähnliches Bild wie im Landesdurchschnitt:

Vereinsmitglieder nach Sportarten und absoluten und relativen Anteilen

| | | | |
|---|---|---|---|
| 1. | Turnen | 13 477 | 36,5 % |
| 2. | Fußball | 7 451 | 20,2 % |
| 3. | Schwimmen | 6 602 | 17,9 % |
| 4. | Judo/Karate | 2 209 | 6,0 % |
| 5. | Handball | 1 162 | 3,1 % |
| 6. | Tennis | 1 144 | 3,1 % |
| 7. | Leichtathletik | 1 o49 | 2,8 % |

Dabei ist Turnen als "typische Mädchensportart" und Fußball als "typische Jungensportart" anzusehen. Daß Turnen vor Fußball liegt, dürfte darauf zurückzuführen sein, daß bei Kindern der Mädchenanteil noch relativ hoch ist und diese sich zudem auf diese Sportart weitgehend konzentrieren.
Bezüglich der 4 meistbetriebenen Sportarten ergeben sich in den einzelnen Stadtbezirken Abweichungen nur in

| Bezirk II (Rodenkirchen) | | Bezirk III (Lindenthal) | |
|---|---|---|---|
| 1. Schwimmen | 36,8 % | 1. Fußball | 31,5 % |
| 2. Turnen | 23,0 % | 2. Turnen | 15,9 % |
| 3. Fußball | 20,6 % | 3. Leichtathl. | 14,0 % |
| 4. Kanu | 3,1 % | 4. Tennis | 12,9 % |

Ein völlig anderes Bild zeigt sich allerdings in der Sportartenreihenfolge in der Innenstadt:

| | |
|---|---|
| 1. Turnen | 48,5 % |
| 2. Judo | 16,0 % |
| 3. Eissport | 11,4 % |
| 4. Fußball | 8,3 % |

Die mit weitem Abstand größte Raumenge im Sportstättenangebot verbunden mit einem in bezug zu anderen Bezirken dürftigen Sportangebot führt dazu, daß sich das Sportgeschehen bei den in Sportvereinen organisierten Kindern weitgehend auf gedeckte Flächen konzentriert.
So zeigt sich gerade anhand der Sportvereinsmitgliedschaften und der bevorzugt ausgeübten Sportarten der Kinder, in welchem Ausmaß das Spiel- und Bewegungsverhalten von den sozialräumlichen Gegebenheiten der Lebenswelt der Kinder bestimmt

wird, wenngleich auch darauf hingewiesen werden muß, daß diese Gegebenheiten häufig vielfältig sozial vermittelt sind (vgl. KLEIN und LIESENHOFF 1982).

7.2.2. Erftkreis

Über die Wohnungsverhältnisse im Erftkreis kann nur recht wenig ausgesagt werden, da sich Angaben nur auf Kreisebene machen lassen - somit wenig Aussagekraft haben. Unter diesen Einschränkungen ist davon auszugehen, daß die Wohnungsbedingungen im Erftkreis gegenüber der Stadt Köln zwar leicht besser sind, ohne daß dies aber für Kinder zu nennenswerten Verbesserungen führt. Demgegenüber lassen die auf Kreisebene durchschnittlich nur 1,9 Wohnungen pro Gebäude (Köln = 4,1) darauf schließen, daß die Häuser weniger Geschosse aufweisen als z.B. in Köln - auch wenn diesbezüglich wohl starke Schwankungen zwischen den mehr städtisch verdichteten und den mehr ländlichen Gemeinden existieren; über die Konsequenzen wurde schon einiges ausgeführt. Die dadurch für Kinder prinzipiell näher gerückten Räume außerhalb des Wohnhauses stellen sich allerdings als nur graduell günstiger gegenüber der Kölner Situation dar; dies gilt vor allem für die Gemeinden Hürth, Bergheim, Kerpen, Brühl, Frechen, Erftstadt, Pulheim, die durchweg über 40 000 Einwohner, z.T. auch über 50 000 Einwohner haben (Kerpen, Bergheim, Hürth) und wo 84 % aller Kinder im Erftkreis leben. Die beträchtlich geringere Einwohnerdichte in den Gemeinden des Erftkreises im Verhältnis zu Köln täuscht darüber hinweg, daß tatsächlich nur unwesentlich mehr und qualitativ bessere Spielflächen für Kinder zur Verfügung stehen als in Köln; der größte Teil der nicht bebauten Flächen befindet sich in Ortsrandlage und wird landwirtschaftlich genutzt. In den Orten selbst machen den größten Teil Kleingärten aus, die meist zu klein zum großflächigen Spielen und/ oder für Kinder unzugänglich sind; andere Freiflächen sind stark kultiviert und ebenfalls für Kinder nur selten frei bespielbar.

### 7.2.2.1 Offene Jugendeinrichtungen

Auf der Grundlage des 'Freizeitstättenbedarfsplanes 1979/80' des Jugendamtes des Erftkreises ergibt sich folgendes Bild:

Im Erftkreis befinden sich lediglich 5 Offene und 7 Teiloffene Jugendeinrichtungen; nach Auskunft des Kreisjugendamtes sind die Standorte dieser Einrichtungen eher zufällig denn geplant in zweifacher Hinsicht: Zum einen existieren keine Kombinationen mit anderen für Kinder und Jugendliche relevanten Einrichtungen, zum anderen liegt ein nicht unerheblicher Teil in kleineren Orten; damit verringert sich das Einzugsgebiet und die Einrichtungen werden für einen Großteil der Kinder aufgrund der für sie zu langen Wege de facto unerreichbar. Demzufolge besteht auch im Erftkreis die Hauptbenutzergruppe der Offenen Jugendeinrichtungen aus Jugendlichen von der Pubertät an aufwärts; dies, obwohl das Kreisjugendamt seit 2 Jahren ein Förderprogramm für Kinderarbeit in den Offenen Einrichtungen durchführt. Ansonsten gelten auch für den Erftkreis im wesentlichen die schon über die Einrichtungen in Köln gemachten Ausführungen. Allerdings ist festzustellen, daß die Nicht-Offenen Einrichtungen im Erftkreis offensichtlich an Gewicht gewinnen. Einerseits bestehen im Angebot zwischen einem Teil dieser Einrichtungen und den (anerkannt) Offenen Einrichtungen kaum große Unterschiede, zum anderen sind sie durchgängig für Kinder leichter erreichbar, da in nahezu jedem Ort mindestens eine solche Einrichtung vorhanden ist.

### 7.2.2.2. Kinderspielplätze

Aufgrund der gegenüber Köln nur unwesentlich verbesserten Spielgelegenheit im Freien käme den Kinderspielplätzen im Erftkreis eine ähnliche Bedeutung zu, wie sie schon im Abschnitt über Spielplätze in Köln ausgeführt wurde. Allerdings ergibt sich schon auf behördlicher Ebene das Problem, daß Einrichtung, Ausstattung und Betreuung von Kinderspielplätzen Aufgabe der einzelnen Gemeinden ist und nicht des Kreisjugendamtes. Abgesehen davon, daß dort nur selten diesbezügliche fachliche Kompetenz vorhanden ist - nicht zuletzt deshalb, weil sich nur wenige Gemeinden ein Stadtjugendamt leisten -, kann somit von einem fundierten und abgestimmten Konzept für die Einrichtung und Betreuung von Kinderspielplätzen auf Kreisebene nicht gesprochen werden. So ist denn auch die Situation bezüglich der Kinderspielplätze kaum verschieden von der in Köln: 3 Bauspielplätze und 1 Waldspielplatz spielen im Alltagsleben des weitaus größten Teiles der Kinder des Kreises keine Rolle, die restlichen Anlagen sind nach Auskunft des Kreisjugendamtes fast ausschließlich konventioneller Art (Geräte etc.), häufig zu klein und zu perfekt. Insofern sind sie ähnlich wie in Köln wenig genutzt und stark durch Jugendliche überfremdet. Die Angaben des Jugendamtes werden gestützt durch die Ergebnisse einer von der Deutschen Olympischen Gesellschaft durchgeführten Erhebung (zum Vergleich die dort ermittelten Kölner Werte, die aufgrund unterschiedlicher Kategorisierungen und Stichtage von den im entsprechenden Kapitel unseres Berichtes angegebenen abweichen):

Tabelle:

Spielplätze (einschließlich Rollschuhplätze) im Erftkreis und in Köln

| | Erftkreis | Köln |
|---|---|---|
| Spielplatzfläche | 545 525 qm | 1 066 695 qm |
| Anzahl der Anlagen | 407 | 415 |
| Fläche/Einwohner | 1,41 qm | 1,08 qm |

Quelle: DOG u.a. (Hrsg.), Erhebung über den Bestand an Erholungs-, Spiel- und Sportanlagen/Sportstätten in der Bundesrepublik Deutschland, Stand: 1.1.76

Demzufolge (nahezu gleiche Zahl von Anlagen, aber ungefähr nur die Hälfte der Fläche) sind die Spielplätze in den Gemeinden des Erftkreises durchschnittlich noch kleiner als die in Köln.

7.2.2.3 Sportstätten und Sportvereinsmitgliedschaften

Das Sportstättenangebot stellt sich nach der Erhebung der Deutschen Olympischen Gesellschaft aufgrund der größeren Zahl ungedeckter Flächen gegenüber Köln als besser dar:

| Einwohner | gedeckte Sportfläche | ungedeckte Sportfläche | Gesamtfläche |
|---|---|---|---|
| 388 530 | 47 427 | 972 012 | 1 020 439 |

Daraus ergibt sich ein Bestand von

| | |
|---|---|
| 0,12 qm/Einwohner | an gedeckter Fläche |
| 2,39 qm/Einwohner | an ungedeckter Fläche |
| 2,51 qm/Einwohner | an Sportfläche insgesamt |

Allerdings gibt es auch im Erftkreis Unterschiede zwischen den einzelnen Gemeinden, die allerdings nicht ganz so gravierend sind wie die zwischen den einzelnen Kölner Stadtbezirken:

| | | |
|---|---|---|
| Hürth | keine Angaben möglich | |
| Bergheim | 2,71 qm/Einwohner | 10,54 qm/Kind |
| Kerpen | 2,90 qm/Einwohner | 11,96 qm/Kind |
| Brühl | keine Angaben möglich | |
| Frechen | 2,02 qm/Einwohner | 9,57 qm/Kind |
| Erftstadt | 2,21 qm/Einwohner | 9,80 qm/Kind |
| Pulheim | 2,43 qm/Einwohner | 9,35 qm/Kind |
| Bedburg | 3,31 qm/Einwohner | 15,40 qm/Kind |
| Elsdorf | keine Angaben möglich | |
| Wesseling | 2,60 qm/Einwohner | 11,03 qm/Kind |

Quelle: Kreissportbund (Hrsg.), Der Sport im Erftkreis 1978

Von einer ausreichenden quantitativen Versorgung mit Sportstätten nach Richtwerten des Goldenen Planes (4,2 qm/Einwohner) kann jedoch nicht gesprochen werden.
Erheblich günstiger ist die Versorgung mit Schwimmbädern. Auch wenn über den Zustand der einzelnen Bäder keine Angaben vorliegen, so werden doch in einigen Gemeinden sogar die Richtwerte des Goldenen Planes überschritten; auf der Basis der DOG-Erhebung ergibt ein Vergleich mit der Stadt Köln folgendes Bild:

| | Erftkreis | | Köln | |
|---|---|---|---|---|
| Freibäder (Anzahl/Wasserfläche) | 12 | 19 957 qm | 7 | 12 241 qm |
| Hallenbäder (Anzahl/Wasserfläche) | 26 | 6 145 qm | 26 | 7 896 qm |

In Sportvereinen waren im Erftkreis 1978 organisiert:

| | Erftkreis | Köln | NRW |
|---|---|---|---|
| 0 - 6 Jahre | 5,29 % | 5,56 % | 6,25 % |
| 7 - 14 Jahre | 35,87 % | 28,70 % | 37,80 % |
| gesamt | 17,30 % | 11,83 % | 18,34 % |

Quelle: Landessportbund NRW (Hrsg.) Vereinsstrukturanalyse 1978 (für Sportvereinsmitglieder) und Regionalprognose 1976 - 1990 (für Kinder und Gesamtbevölkerung)

Somit lag der Organisationsgrad in allen Altersgruppen im Erftkreis unter den Durchschnittswerten von NRW, aber erheblich über den Werten der Stadt Köln - mit Ausnahme der Altersgruppe 0 - 6 Jahre. Bezogen auf die einzelnen Gemeinden ergeben sich hinsichtlich des Organisationsgrades der Kinder wiederum gravierende Unterschiede:

| Gemeinde | Organisationsgrad in % | | |
|---|---|---|---|
| | 0 - 6 Jahre | 7 - 14 Jahre | über 14 Jahre |
| Hürth | 10,21 | 45,32 | 15,43 |
| Bergheim | 5,90 | 34,45 | 15,90 |
| Kerpen | 3,25 | 30,78 | 13,79 |
| Brühl | 5,20 | 39,52 | 17,77 |
| Frechen | 3,27 | 29,95 | 12,83 |
| Erftstadt | 10,00 | 51,94 | 18,55 |
| Pulheim | 4,80 | 35,82 | 15,59 |
| Bedburg | 1,70 | 25,94 | 15,12 |
| Elsdorf | 4,43 | 21,19 | 11,32 |
| Wesseling | 1,74 | 27,17 | 11,85 |

Quelle: Kreissportbund (Hrsg.), a.a.O.

Interessant ist ein Vergleich mit der Sportstättenversorgung: Dabei ergibt sich, daß ausgerechnet die Gemeinde mit der besten Versorgung den geringsten Organisationsgrad bei Kindern hat, nämlich Bedburg; andererseits Gemeinden, die keine überdurchschnittliche Sportstättenversorgung aufweisen (Erftstadt, Hürth), einen weit überdurchschnittlichen Organisationsgrad bei Kindern zeigen.

Dies bestätigt, daß kein unmittelbarer Kausalzusammenhang zwischen Sportstättenangebot und Sportvereinsmitgliedschaft/ Sportaktivität besteht; andere Faktoren kommen hier hinzu: So z.B. in Bedburg, wo lange Wege (Bedburg ist die zweitkleinste Gemeinde des Erftkreises mit der geringsten Einwohnerdichte) die Sportstätten für Kinder schlechter erreichbar machen bzw. die Sportangebote der kleinen, niedrigspartigen Vereine für Kinder nicht so attraktiv sind. So aber im positiven Sinn in Hürth und Erftstadt, wo offensichtlich die von verschiedenen Vereinen durchgeführten speziellen Kindersportangebote zu verstärktem Organisationsgrad vor allem bei den 0- bis 6-jährigen geführt haben.

### 7.2.3. Kreis Borken

Auch wenn im Kreis Borken wie schon im Erftkreis viele Angaben nur auf Kreisebene gemacht werden können, lassen sich doch z.T. erhebliche Unterschiede zu den anderen von uns untersuchten Regionen erkennen; dies beginnt bei der Wohnung: Die mit Abstand größte durchschnittliche Raumzahl pro Wohnung von 5,2 Räumen (Erftkreis 4,2; Essen und Köln 3,5) läßt auf relativ große Wohnungen schließen; 60,5 % aller Wohnungen sind Fünf- und Mehrzimmerwohnungen. Auch wenn die einzelnen Wohnungen im Durchschnitt infolge des hohen Kinderanteiles im Kreis Borken (29,01 %) mit 3,4 Personen höher belegt sind als in den anderen untersuchten Regionen, kann doch angenommen werden, daß sich die Spielbedingungen der Kinder in der Wohnung und damit der Wert der Wohnungen für die Kinder günstiger darstellen; dies allerdings auch durch den Umstand, daß die Übergänge zwischen "drinnen" und "draußen" für Kinder infolge der flachgeschossigen Bauweise fließender sind: Bei den Häusern handelt es sich zum überwiegenden Teil um Einfamilienhäuser, Gebäude mit 4 Geschossen befinden sich lediglich in geringer Zahl in den beiden größeren Städten Bocholt und Gronau (ca. 65 000 bzw. 40 000 Einwohner). Hinzu kommt noch, daß die jeweiligen Grundstücksgrößen nach Auskunft des Jugendamtes 600 qm in der Regel nicht unterschreiten, an nahezu jedes Haus also ein ausreichend großer Garten anschließt, der von der Grösse her an das heranreicht, was z.B. in der Stadt Köln ideal-

typisch als Freifläche in einer lokalen Jugendeinrichtung zur Verfügung stehen sollte. Wie schon die Werte der Einwohnerdichte andeuten (bis auf Bocholt und Gronau liegen sie in allen Gemeinden unter 200 Einwohner/qkm, teils sogar unter 100 Einwohner/qkm), herrscht durchgängig eine offene, gelockerte und stark durchgrünte Bauweise vor. Dies wird durch den Umstand ergänzt, daß die Orte fast ausschließlich so klein sind, daß auch die natürlichen Frei- und Grünflächen an den Ortsrändern für Kinder relativ leicht erreichbar sind; dies nicht nur von der absoluten Entfernung her, sondern auch was Hindernisse und Barrieren für Kinder angeht: Mit Ausnahme der Ortsdurchgangsstraßen existieren in der Regel viel befahrene Straßen nicht, die übersichtliche Bebauung erleichtert darüber hinaus Kindern die Orientierung. Probleme, daß Freiflächen für Kinder nicht zugänglich sind (wie im Erftkreis), waren dem Borkener Kreisjugendamt gänzlich unbekannt. Einschränkungen bezüglich dieser Aussagen dürften sich lediglich für Bocholt und Gronau ergeben.
Solange sich der Aktionsradius des Kindes auf die unmittelbare Wohnungsumgebung beschränkt, findet es demzufolge ein in sich relativ geschlossenes und überschaubares Feld vor. Außerhalb dieses Bereiches potenzieren sich dann allerdings die Entfernungen; es muß bedeutend mehr Zeit und Anstrengung investiert werden, um Handlungs- und Tätigkeitsfelder außerhalb dieses unmittelbaren Wohnbereiches zu erreichen, was den Entscheidungsspielraum für bestimmte Bereiche bzw. deren Kombination erheblich einschränkt. So schlagen z.B. die in der Regel langen Wege zur Schule einerseits im Zeitbudget zu Buche, andererseits aber auch in dem Umstand, daß soziale Kontakte aus der Schule nur selten im Freizeitbereich fortgeführt werden können.

### 7.2.3.1 Offene Jugendeinrichtungen

Letzteres gilt vor allem auch für Offene Jugendeinrichtungen, von denen es 19 im Kreisgebiet gibt (2 Offene Türen, 17 Teiloffene Türen). Dabei nehmen die Teiloffenen Türen Funktionen im wohnortnahen Bereich wahr und haben ein nichtspezialisiertes Angebot, während die Offenen Türen ein spezialisiertes Programm durchführen und mehr überregionalen Charakter besitzen. Rein rechnerisch ist die Versorgungslage im Vergleich zu den anderen untersuchten Regionen relativ gut, jedoch muß einschränkend hinzugefügt werden, daß die Einrichtungen für einen Großteil der Kinder aufgrund der Entfernungen einfach nicht erreichbar sind. Gleichzeitig muß darauf hingewiesen werden, daß die Verbände und Organisationen (hier vor allem die Kirchen) als Träger des Freizeitangebotes die entscheidende Rolle spielen: Nicht nur, daß bis auf eine Offene Türe (unter kommunaler Trägerschaft) und eine Teiloffene Tür (unter Trägerschaft eines Vereines) alle Einrichtungen von den Kirchen getragen werden. Hinzu kommt noch, daß - da der größte Teil der Einrichtungen Teiloffene Türen sind - die gänzlich Offene Arbeit gegenüber der Verbandsarbeit zurückgeht bei gleichzeitigem Fehlen anderer freier Angebote. Da für nicht organisierte Kinder die Nutzung dieser Einrichtungen weitgehend ausgeschlossen ist, ist der Zwang, sich einer Organisation anzuschließen, erheblich größer als z.B. in den städtischen Regionen. Nach Auskunft des Borkerner Jugendamtes ist demzufolge - wie für ländliche Regionen typisch (vgl. u.a. WERNER 1972) - im Kreis Borken ein starker Organisierungsgrad bei Kindern und Jugendlichen festzustellen, wobei nach dem Sportverein kirchliche Organisationen die wichtigste Rolle spielen.

### 7.2.3.2 Kinderspielplätze

Infolge des relativ großen Bestandes an natürlichen Frei- und Spielflächen spielen Kinderspielplätze (als künstliche Einrichtungen) im Kreis Borken eine eher untergeordnete Rolle. Sie haben eine Funktion höchstens als Kleinkinderspielplätze in Bocholt und Gronau. Demzufolge besitzt der Kreis nach Auskunft des Jugendamtes zwar eine das erforderliche Minimum übersteigende Zahl an Spielplätzen, deren Fläche aber das Flächenminimum nach den Richtwerten des Goldenen Planes gerade erreicht. Die folgenden Vergleichswerte sollten deshalb unter dem Aspekt betrachtet werden, daß sie die qualitativ unterschiedlichen Bedeutungszusammenhänge, in denen sie stehen, nicht erfassen:

Tabelle:

Spielplatzflächen

| | qm/Einwohner | qm/0 - 14-jährige |
|---|---|---|
| Borken | 1,32 | 4,45 |
| Erftkreis | 1,41 | 6,19 |
| Köln | 1,05 | 6,01 |
| Essen | 0,74 | 4,42 |

Quelle: Deutsche Olympische Gesellschaft u.a. (Hrsg.), a.a.O., Stand 1.1.1976

7.2.3.3. Sportstätten und Sportvereinsmitgliedschaften

Das Sportstättenangebot stellt sich im Kreis Borken folgendermaßen dar (Quelle: DOG u.a., a.a.O.):

| Einwohner | gedeckte Fläche | ungedeckte Fläche | Gesamtfläche |
|---|---|---|---|
| 291 002 | 48 569 | 1 010 588 | 1 059 157 |

Die im Vergleich zu den anderen untersuchten Regionen gute Sportstättenausstattung verdeutlicht sich bei der Umrechnung der Sportfläche pro Einwohner:

| | |
|---|---|
| Köln | 1,77 qm/Einwohner |
| Essen | 2,41 qm/Einwohner |
| Erftkreis | 2,51 qm/Einwohner |
| Borken | 3,65 qm/Einwohner |

Das Jugend- und Sportamt kommt in seiner Erhebung vom 1.1.1979 zu einem noch besseren Ergebnis:

| | |
|---|---|
| gedeckte Flächen | 0,19 qm/Einwohner |
| ungedeckte Flächen | 3,64 qm/Einwohner |

Damit entspricht zumindest der Borkener Durchschnittswert an Gesamtsportfläche dem Kölner Spitzenwert im Bezirk III (Lindenthal), in dem das Kölner Hauptstadion mit seinen großen Anlagen steht, wenngleich der Bestand an gedeckter Fläche als lediglich etwas über den Durchschnitt liegend zu veranschlagen ist. Die Versorgung der einzelnen Gemeinden ist wiederum recht unterschiedlich: Vor allem die kleineren Gemeinden schneiden bei den ungedeckten Flächen z.T. weit über dem DOG-Richtwert von

4,0 qm/Einwohner ab, während die Ausstattung mit Hallen bzw. anderen gedeckten Flächen bei ihnen weitaus schlechter ist. In etwa umgekehrt stellt sich das Bild bei den größeren Gemeinden dar.
Auch die Ausstattung mit Bädern ist insgesamt zufriedenstellend - wenn man davon absieht, daß die Versorgung mit Hallenbädern in den kleineren Gemeinden natürlich nicht ausreicht, würde doch die Erstellung nur eines Hallenbades in einer kleinen Gemeinde zu einer geradezu monströsen Bedarfsdeckung führen und auch den Etat der Gemeinde bei weitem überfordern. Dafür besitzt fast jede Gemeinde ein Freibad, wobei die großen eingezäunten Flächen der Bäder diese zu beliebten Aufenthaltsorten von Kindern im Sommer machen.

Zum Vergleich:

| | Hallenbäder Wasserfläche | | Freibäder Wasserfläche | | Freibäder eingezäunte Fläche |
|---|---|---|---|---|---|
| Köln | (26) | 7 896 | ( 7) | 12 241 | 77 000 |
| Essen | (17) | 5 104 | ( 7) | 29 002 | 306 302 |
| Erftkreis | (26) | 6 145 | (12) | 19 096 | 256 180 |
| Borken | (17) | 3 481 | (13) | 16 209 | 243 601 |

Quelle: DOG u.a., a.a.O.

Gerade in Anbetracht des quantitativ guten Sportstättenangebotes erscheint der Organisationsgrad in Sportvereinen bei den Kindern vergleichsweise gering. Dies entspricht allerdings der durchgängigen Tendenz in der Bundesrepublik Deutschland, daß die prozentualen Sportvereinsmitgliedschaften in eher ländlich strukturierten Gebieten zwar höher sind als in städtischen Gebieten, was aber eben nicht für Kinder gilt, wo es genau umgekehrt aussieht (vgl. SCHLAGENHAUF 1977). Erst bei den über 14-jährigen ist der Organisationsgrad überdurchschnittlich hoch, da für diese Altergruppen der Sportverein als sozialer Kommunikationsort stärker an Gewicht gewinnt.

Zum Vergleich:

| | Organisationsgrad in % 0 - 6 Jahre | 7 - 14 Jahre | über 14 Jahre |
|---|---|---|---|
| Essen | 7,37 | 40,34 | 14,71 |
| Köln | 5,56 | 28,70 | 10,08 |
| Erftkreis | 5,29 | 35,87 | 15,23 |
| Borken | 5,12 | 33,35 | 21,21 |
| NRW | 6,25 | 37,80 | 16,28 |

Quelle: Landessportbund NRW (Hrsg.), Vereinstrukturanalyse 1978

Offensichtlich spielt das Motiv "Kommunikation" bei den Kindern im Kreis Borken für eine Sportvereinsmitgliedschaft im Vergleich zu den über 14-jährigen eine untergeordnete Rolle; dadurch kommen andere Faktoren, die eine Sportvereinsmitgliedschaft für Kinder weniger attraktiv machen, stärker zum Tragen. So z.B. die Tatsache, daß vor allem die für Kinder attraktiven Vereine mit mehr als 500 Mitgliedern fehlen: Von den insgesamt 240 Sportvereinen haben

56 % bis 200 Mitglieder
27 % 201 bis 500 Mitglieder
12 % 501 bis 1 000 Mitglieder
5 % über 1 000 Mitglieder.

Dementsprechend ist auch das Sportangebot längst nicht so breit gefächert wie in den anderen untersuchten Regionen - nur Fußball wird in jeder Gemeinde mindestens einmal angeboten. Unter diesem Aspekt muß dann auch das o.a. günstige Sportstättenangebot des Kreises in Hinblick auf Kinder relativiert werden: Es wurde schon darauf hingewiesen, daß es sich dabei vor allem in den kleineren Gemeinden im wesentlichen um ungedeckte Flächen, also hauptsächlich um Fußballplätze handelt.

### 7.2.4. Essen

Die Situation für Kinder in der Stadt Essen unterscheidet sich in den wesentlichen Punkten kaum von den Kölner Verhältnissen; zwar sind für einzelne Bereiche quantitative Unterschiede festzustellen, die allerdings kaum qualitative Verbesserungen bzw. Verschlechterungen nach sich ziehen. Insofern soll hier auch auf eine detaillierte Darstellung bis hinunter auf einzelne Stadtteile - wie für Köln z.T. geschehen - verzichtet werden. Als Hinweis auf die Richtigkeit der obigen Aussage ein Vergleich der von uns untersuchten Regionen in bezug auf die Wohnsituation, der schon eine Ähnlichkeit mit den Kölner Verhältnissen erkennen läßt:

| | Wohnungen/ Gebäude | Räume/ Wohnung | Personen/ Wohnung | Räume/ Person |
|---|---|---|---|---|
| Essen | 3,72 | 3,5 | 2,34 | 1,50 |
| Köln | 4,10 | 3,5 | 2,48 | 1,43 |
| Erftkreis | 1,90 | 4,2 | 2,70 | 1,58 |
| Borken | 1,56 | 5,2 | 3,40 | 2,48 |

Die Einwohnerdichte in Essen liegt im Unterschied zu Köln durchgängig höher, die Bedingungen im unmittelbaren Wohnungsumfeld der Kinder sind demzufolge eher schlechter als besser.

#### 7.2.4.1 Offene Jugendeinrichtungen

Im gesamten Stadtgebiet stehen für Kinder und Jugendliche insgesamt

11 Offene Türen
16 Teiloffene Türen mit erweitertem Angebot
21 Teiloffene Türen

zur Verfügung.
In vielen Stadtteilen bzw. Stadtbezirken sind überhaupt keine Einrichtungen vorhanden bzw. ist der Bedarf laut Jugendhilfe- und Familienförderungsplan der Stadt Essen, Teil: Jugendfreizeitstätten 1978 völlig ungedeckt. D.h., auch die Versorgungsanlage mit Offenen und Teiloffenen Jugendeinrichtungen ist in Essen und Köln ähnlich (Köln: 21 Offene Türen und 32 Teiloffene Türen), so daß die für Köln gemachten Aussagen in etwa auch für Essen zutreffen. Das gleiche gilt für pädagogische Betreuung und Ausstattung der Einrichtungen - wie der Teilplan über die Jugendfreizeitstätten erkennen läßt.

#### 7.2.4.2 Kinderspielplätze

Die Stadt Essen hat von allen untersuchten Kreisen und Städten die mit Abstand schlechteste Versorgung mit Spielplätzen: 0,74 qm/Einwohner bzw. 4,42 qm/Kind sind noch weniger als in Köln. Allerdings gehören die Städte des Ruhrkohlebezirks generell zu den Bezirken mit der niedrigsten Spielfläche pro Einwohner, wie der Landeskinderbericht aufweist (MAGS NW 1981, 157). Lediglich Bochum, das allerdings sehr gut versorgt ist, macht hier eine Ausnahme. Zwar kann über die Typen und Qualität der Spielplätze nichts gesagt werden - da keine Angaben vorliegen - allerdings dürfte die äußerst geringe quantitative Versorgung schon ausreichen, um die Situation als völlig unzureichend zu kennzeichnen (Vergleichszahlen zu Borken, Erftkreis, Köln, siehe entsprechenden Abschnitt im Bericht über den Kreis Borken).

### 7.2.4.3. Sportstätten und Sportvereinsmitgliedschaften

Das Sportstättenangebot stellt sich demgegenüber im Vergleich zu Köln als günstiger dar, allerdings nur was die ungedeckten Flächen angeht:

| Einwohner | gedeckte Fläche | ungedeckte Fläche | Gesamtfläche |
|---|---|---|---|
| 668 458 | 60 408 | 1 550 527 | 1 610 935 |

Daraus ergibt sich ein Bestand von

0,09 qm/Einwohner an gedeckter Fläche
2,32 qm/Einwohner an ungedeckter Fläche
2,41 qm/Einwohner an Sportfläche insgesamt

Quelle: DOG u.a. (Hrsg.), a.a.O. (für Sportflächen)
Statistisches Sonderheft 2/79, Stand: 1978
(für Einwohner)

Die Verteilung auf die einzelnen Stadtbezirke erscheint dabei allerdings recht ungleichmäßig (jedoch kann dieser Nachweis nur für die Spiel- und Leichtathletikanlagen vorgenommen werden):

| | Einwohner | Einwohnerdichte Einwohner/qkm | Sportfläche qm/Einwohner |
|---|---|---|---|
| Bezirk I | 74 104 | 4 788 | 0,75 |
| Bezirk II | 64 807 | 4 723 | 3,37 |
| Bezirk III | 117 793 | 8 132 | 1,69 |
| Bezirk IV | 98 046 | 3 966 | 2,06 |
| Bezirk V | 58 635 | 3 302 | 2,99 |
| Bezirk VI | 55 716 | 4 127 | 2,59 |
| Bezirk VII | 86 537 | 4 150 | 0,76 |
| Bezirk VIII | 56 580 | 1 710 | 1,31 |
| Bezirk IX | 56 240 | 992 | 0,83 |

Quelle: Stadt Essen (Hrsg.), Untersuchung zur Stadtentwicklung, Fortschreibung des Sportentwicklungsplanes Teil II, 1979

Bei den Freibädern ist die Versorgung von der Wasserfläche und der eingezäunten Fläche her die beste von allen untersuchten Regionen; allerdings verteilt sich diese Wasserfläche auf nur 7 Bäder. Zudem weist die sehr große eingezäunte Fläche darauf hin, daß die Bäder eher in Stadtrandlagen zu

finden sind (nahezu alle am Baldeneysee oder an der Ruhr) - also für Kinder nicht leicht zu erreichen sind. Die Versorgung mit Hallenbädern ist demgegenüber ausgesprochen schlecht: Nur 17 Bäder mit der sehr geringen Wasserfläche von lediglich 5 104 qm lassen die Situation ähnlich mangelhaft wie in Köln erscheinen - wobei einschränkend hinzugefügt werden muß, daß Angaben über Zustand und Ausstattung nicht vorliegen.
Betrachtet man dann die Sportvereinsmitgliedschaften der Kinder, so liegt deren Zahl erstaunlich hoch - höher als in allen anderen untersuchten Regionen: 7,37 % der 0- bis 6-jährigen und 40,34 % der 7- bis 14-jährigen gehören in Essen einem Sportverein an. Diese Werte liegen sogar noch über dem Durchschnitt Nordrhein-Westfalens. Allerdings sinkt der Organisationsgrad bei den über 14-jährigen sehr stark ab - auch im Vergleich zu den anderen untersuchten Regionen. Über Gründe hierfür können nur Vermutungen angestellt werden, da die Materiallage für diesbezüglich relevante Fragen zu dürftig ist. Allerdings deckt sich dieser Befund mit der bereits erwähnten Tendenz für die gesamte Bundesrepublik Deutschland.
So sind für die 0- bis 6-jährigen generell die Voraussetzungen für Sportvereinsmitgliedschaften in Großstädten besser, u.a. weil dort größere Vereine anzutreffen sind, die ein breites und für Kinder attraktives Angebot eher leisten können. Dies gilt mit Sicherheit auch für Essen als Beispielsgemeinde für den Ruhrkohlebezirk.

## 8. Kinder und Sport

Sport ist die scheinbar eindeutigste Form des Bewegungsverhaltens. Wäre dem so, müßte sich allein schon aus dem quantitativen Ausmaß und der Intensität des Sporttreibens das Niveau des Bewegungsverhaltens in der Freizeit problemlos ablesen lassen. Dies ist aber zumindest für Kinder äußerst fraglich. Zunächst sei noch einmal daran erinnert, daß oben betont wurde, daß eine qualitative Bewertung des Bewegungsverhaltens nicht im Rahmen einer als Sport aus dem sonstigen Leben ausgegrenzten Tätigkeit her vorgenommen werden kann, sondern vielmehr die Alltagseinbettung des Bewegungsverhaltens und damit die Integration der Bewegung in das Spiel als die dominante Tätigkeit des Kindes in Frage steht.
Darüber hinaus ist auch die Zuordnung eines Verhaltens im Kindesalter zur Kategorie "Sport" nicht völlig problemlos. Kinder zeigen generell in ihrer Freizeit ein Verhalten von ausgeprägter Motorik, selbst wenn diese häufig redundant und wenig spielerisch gerichtet ist. Wenn beispielsweise BLÜCHER (1972, 245) den Sport für die Altersgruppe der Jugendlichen als überaus harte Freizeitbeschäftigung herausstellt (also: häufig ausgeübt und fest im Bewußtsein verankert), so muß doch für Kinder offen bleiben, wann im motorischen Verhalten eine Grenze überschritten wird, jenseits der man davon sprechen könnte, daß das Kind Sport betreibt.
So geht etwa der kleine Junge auf die Straße, den Hof oder die Grünfläche und spielt dort mit seinen Freunden Fußball; allerdings wird er kaum von sich sagen, daß er auf die Straße geht, um Sport zu treiben, vielmehr, daß er seine Freunde trifft und mit ihnen zusammen etwas macht. Ebenso verhält es sich beim kleinen Mädchen, wenn es auf ähnlichen Plätzen mit den Freundinnen Gummitwist spielt. So läßt es der Gesamtbestand der in unserer Gesellschaft für "üblich" angesehenen körperlichen Bewegungsform des Kindes nur sehr schwer zu, exakt anzugeben, ab wann ein Kind Sport treibt.
In verschiedenen Gesellschaften gibt es für verschiedene Geschlechter, Lebensalter und in den verschiedenen sozialen Schichten Bewegungsformen, die für diese als "normal" angesehen

werden, für andere Personengruppen aber als "nicht normal" gelten, als peinlich erlebt werden oder gar gänzlich tabuisiert sind. Der Körper und das Körperverhalten sind also durchgängig sozial geprägt (vgl. BOLTANSKI 1967, MAUSS 1975, HEINEMANN 1980, 69 - 83). So läuft ein Kind beispielsweise anderen Personen entgegen, läuft hinter ihnen her - auch über weitere Strecken - kauert sich spontan auf den Boden, nimmt also eine Körperhaltung ein, die bei einem Erwachsenen nur im Rahmen des Sports als Kniebeuge interpretierbar und als solche verständlich wäre. Das alltägliche Spielverhalten der Kinder wird aber - wie oben dargestellt - gerade an diesen spontanen Bewegungsformen immer ärmer. Am ehesten kann man wohl von Sport bei Kindern dann sprechen, wenn das Bewegungsverhalten in Turnhallen, Schwimmbädern und auf Sportplätzen nach überprüfbaren Regeln abläuft. Mit dieser Ausgrenzung der Bewegung aus dem Lebensalltag und der Funktionalisierung in Hinblick auf den Sport oder gar auf dann nur noch eine Sportart ergeben sich allerdings eine Reihe von Problemen. Zunächst ist hierbei zu beachten, daß die meisten Sportanlagen gerade in der Bundesrepublik Deutschland nur über Sportvereinsmitgliedschaften zugänglich sind, was einerseits bereits sozial selektiv wirkt und zum anderen eben die Entscheidung für eine bestimmte Sportart beinhaltet. Sodann läßt sich feststellen, daß die Sportanlagen nahezu ausschließlich in Maßen und Austattung nach den Normen angelegt sind, die dem Leistungs- und Wettkampfsport entsprechen. Von hier her ergibt sich für diese Sportanlagen eine Atmosphäre, die kaum dazu angetan ist, zum Verweilen und zum unverbindlichen Besuch aufzufordern; kurz, sie sind nicht nur dem Freizeitsport eher hinderlich als dienlich (vgl. DIECKERT 1974), sondern sie beeinträchtigen auch die Lebensvielfalt der Kinder und wirken letztlich gesundheitsschädlich.

"Entgegen zahlreicher Umorientierungsbemühungen in der Sportwissenschaft und Sportpraxis gelten für die Mehrzahl unserer Spiel- und Sportstätten nach wie vor die Bestimmungen und Anforderungen des Wettkampfsports. Diese haben sich in erschreckend konsequenter und nachhaltiger Weise auf Konzeption und räumliche Gestaltung der Spiel- und Sportumwelt ausgewirkt.

Insbesondere unter dem Einfluß moderner Produktions- und Kalkulationsweisen der Bauindustrie haben sich Planungskriterien im Spiel- und Sportstättenbau durchsetzen können, die einem Bewegungs- und Erfahrungsangebot im Sinne der kontinuierlichen Entwicklung eines 'ganzheitlichen' Körper- und Bewegungsbewußtseins des Menschen grundsätzlich widersprechen" (KOCH und MAIER 1981, 55). Und weiter wird festgestellt: "Aus der Zusammenschau dieser Planungs- und Gestaltungsmerkmale wird deutlich, daß die in den letzten Jahrzehnten verstärkt vorangetriebene Rationalisierung der Planung und des Baus von Spiel- und Sportanlagen Umweltbedingungen entstehen ließ, die nachweisbar durch eine radikale Reduzierung und Nivellierung der visuellen, akustischen, haptischer und anderer Reizqualitäten gekennzeichnet sind. Was sich als rationelle Organisation unserer modernen Spiel- und Sportstätten bis hin zu einzelnen Raumausstattungselementen und Geräten darbietet, erfüllt zwar vorbildlich zahlreiche Industrienormen und Richtlinien bestimmter Sportfachverbände, jedoch nur wenige Grundbedürfnisse des Menschen! Die Regel ist eine unveränderbare Gleichförmigkeit und leblos-kalte, unpersönliche und oft maßstabverzerrende Atmosphäre, in der die differenzierten Funktionen des menschlichen Organismus auf ein Mindestniveau gedrückt werden und notwendige soziale Beziehungen sich nur schwer entwickeln können. Gerade für den kindlichen Organismus, der noch in weit stärkerem Maße als bei Erwachsenen nach differenzierter Tast- und Reibungsflächen sucht, wirken die vielen schematischen, technokratischen Sportstättenentwürfe, die genormten Bauteile und die zunehmend standardisierten, oft körperunfreundlichen Einrichtungssortimente 'ungestaltet' und monoton. Besonders im Schulsport, der den menschlichen Körper in der Gesamtheit und Komplexität seiner Sinne und Organe zum zentralen Thema hat, werden dem Schüler über genormte Bewegungsräume und vordefinierte Bewegungshandlungen wesentliche Dimensionen lebensnotwendiger Erfahrungen vorenthalten" (a.a.O., 57). KOCH und MAIER fordern daher: "Neben der zentralen Funktion einer Spiel- und Sportanlage, die Grundvoraussetzungen für die Ausübung unterschiedlichster sportlicher sowie außersportlicher Aktivitäten zu schaffen,

muß den einzelnen Raumzonen der Anlage auch die Aufgabe zukommen, Gefühle der 'Geborgenheit', 'Behaglichkeit' oder 'Vertrautheit' - insgesamt 'Wohlbefinden' - bei den Nutzern zu vermitteln" (a.a.O., 59).
Da diese genormten, standardisierten und körperunfreundlichen Spiel- und Sportstätten in wachsendem Maße die materialen Rahmenbedingungen für das gesamte Spiel- und Bewegungsverhalten der Kinder werden, vermitteln sie auch ein soziales Lernen, in dem die in ihnen verwirklichten und dingliche Gestalt gewordenen dominanten Prinzipien von den Kindern schrittweise übernommen und verinnerlicht werden.
"Da diese dominanten Regeln (die 'Regel der Überbietung' und die weitere der 'objektiven Vergleichbarkeit') nicht nur im Wettkampf- und Leistungssport verbindlich sind, sondern weitgehend jede Form des Sporttreibens sich hieran ausrichtet, bewirken sie zum Beispiel den Bau entsprechend standardisierter Räume, Sportfelder, Geräte usw.. Mit dieser Spezialisierung kann der Sport aber auch nicht mehr im (ungeordneten) Lebensalltag angesiedelt werden, sondern wird sozialräumlich und im Verhalten sozial ausgegliedert. Damit bestimmen diese dominanten Regeln dann das konkrete sportliche Verhalten der Individuen und bewirken Verhaltenstendenzen, die sich in Formen der Selegierung, Spezialisierung und Instrumentalisierung niederschlagen. Das heißt konkret, daß die Herausbildung von Leistungsniveaus nach Alter und besonders nach Geschlecht als erstrebenswert erscheinen, daß man sich nur noch einer Disziplin widmet und nicht nach einem breit ausgelegten Bewegungsspektrum trachtet. Es werden also auch im Sporttreiben selbst Verhaltenserwartungen erworben, nach denen 'richtiger Sport' notwendigerweise mit 'Jugend' verbunden ist, daß der Körper nicht zur individuellen Erlebnisfindung und Erlebnissteigerung existiert und vor allem auch, daß Sport gegeschlechtshomogen zu betreiben ist und geschlechtsspezifische Verhaltensstile voraussetzt und bewirkt" (KLEIN 1983a, 15).

Der unter diesen Rahmenbedingungen betriebene Sport läßt also insgesamt gerade für Kinder wenig Raum für die Entwicklung von Subjektivität und für einen explorativen Umgang mit dem eigenen Körper, in dem er etwa in seinem eigenständigen

Erlebniswert empfunden und in vielschichtigen Bewegungsmöglichkeiten erkundet und erprobt wird. Indem Bewegungseinfalt statt Bewegungsvielfalt eingeübt wird und eine Reduzierung auf "richtige" Bewegungen im Rahmen von bestimmten Sportarten stattfindet, läßt sich weit eher eine Entfremdung des Körpers feststellen, in der eine Funktionalisierung und Ökonomisierung des Spiel- und Bewegungsverhaltens Platz greift (vgl. hierzu auch RIGAUER 1980). Eine Gesamteinschätzung muß also sehr ambivalent und widersprüchlich ausfallen. Bei aller positiver Bewertung des Sports und des Sporttreibens ist mehr als fraglich, ob unter den gegebenen Bedingungen das Sporttreiben für Kinder übermäßig oder überhaupt zum "Wohlbefinden", der Erlebnisfindung und Persönlichkeitsentwicklung beiträgt.
In letzter Zeit läßt sich beobachten, daß immer mehr Menschen nicht mehr bereit sind, sich auf diese erlebnisreduzierenden Formen des Sportbetriebs festlegen zu lassen. Insbesondere in den städtischen Regionen stoßen immer stärker kommerzielle Freizeit- und Fitness-Zentren, Bräunungs-, Bodybuilding- und Aerobic-Studios, Saunas, Kurse bzw. Workshops für tänzerische Bewegungserfahrungen, Pantomime, integrative Körpererfahrung, Erleben der "inneren Bewegung", Partnermassage usw. in die Bedarfslücke, die durch die auf Vereinsleben und Wettkampfsport zugeschnittenen Sportanlagen und -angebote entstehen. Allerdings sind diese für Kinder zur Zeit noch kaum von Relevanz, wenn man einmal von einigen kommerziellen Judo- oder Karatestudios absieht.

## 8.1. Kinder im Sportverein

Der eindeutigste Indikator für das Sporttreiben von Kindern dürfte deshalb zunächst einmal darin bestehen, von der Sportvereinszugehörigkeit auszugehen.
Für die Gesamtbevölkerung in Nordrhein-Westfalen läßt sich für die Zugehörigkeit zu Sportvereinen feststellen, daß der relative Anteil der Bevölkerung an Mitgliedern in Vereinen des Deutschen Sportbundes im Landessportbund NRW nach wie vor am ungünstigsten im ganzen Bundesgebiet ist (vgl. Tabelle auf Seite 101).

Allerdings verändert sich dieses Bild recht beträchtlich, wenn man die Zahlen nach dem Lebensalter aufschlüsselt. In den Altersgruppen bis zum 14. Lebensjahr schneidet der Landessportbund NRW hinsichtlich der Sportvereinsmitgliedschaften besser ab als der Bundesdurchschnitt.

| Landes-sportbünde | Mitgl. gesamt abs. | Mitglieder männl. | Mitglieder weibl. | Mitglieder bis 6 J. | 6-14 J. | 14-18 J. | 18-21 J. | >21 J. | |
|---|---|---|---|---|---|---|---|---|---|
| Baden Nord | 421 728 | 71,2 | 28,8 | -- | 23,1 | 11,2 | 6,8 | 58,9 | 100 |
| Baden Süd | 456 155 | 72,2 | 27,8 | 1,8 | 21,1 | 11,7 | 6,9 | 58,5 | 100 |
| Württemberg | 945 470 | 69,4 | 30,6 | 2,5 | 23,7 | 12,2 | 7,1 | 54,5 | 100 |
| Baden-Württemberg | 1 823 353 | 70,5 | 29,5 | 1,8 | 22,9 | 11,8 | 7,0 | 56,5 | 100 |
| Bayern | 2 002 670 | 70,1 | 29,9 | -- | 21,7 | 11,4 | 6,9 | 60,0 | 100 |
| Rheinland-Pfalz | 857 383 | 72,3 | 27,7 | 2,5 | 22,2 | 12,5 | 7,8 | 55,0 | 100 |
| Hessen | 1 170 274 | 69,5 | 30,5 | -- | 25,5 | 12,1 | 7,7 | 54,7 | 100 |
| Saarland | 317 327 | 69,8 | 30,2 | 1,5 | 21,3 | 13,4 | 6,3 | 57,5 | 100 |
| NRHW | 2 777 108 | 68,7 | 31,3 | 2,9 | 26,4 | 12,2 | 6,6 | 51,9 | 100 |
| Niedersachsen | 1 515 324 | 63,0 | 37,0 | 4,1 | 27,3 | 12,4 | 6,5 | 49,7 | 100 |
| Hamburg | 302 323 | 60,8 | 39,2 | 3,6 | 27,4 | 12,0 | 4,7 | 52,3 | 100 |
| Bremen | 151 242 | 60,6 | 39,4 | 3,6 | 25,5 | 11,2 | 5,4 | 54,3 | 100 |
| Schleswig-Holstein | 541 786 | 60,5 | 39,4 | 4,7 | 29,4 | 12,2 | 5,5 | 48,2 | 100 |
| Berlin | 294 891 | 68,2 | 31,8 | 1,7 | 21,5 | 10,2 | 5,2 | 61,4 | 100 |
| DSB-Gesamt | 11 753 681 | 68,2 | 31,8 | 2,1 | 24,7 | 12,0 | 6,7 | 54,2 | 100 |

Quelle: Bestandserhebung 1976 des Deutschen Sportbundes (nach: TIMM 1979, 225).

Auch im Mitgliederzuwachs der Altersgruppe bis 14 Jahre steht der Landessportbund NRW günstiger da als der Bundesdurchschnitt.

Tabelle:

Verteilung der Gesamtbevölkerung und der Mitglieder des Deutschen Sportbundes nach Landessportbünden und Mitgliederzuwachs 1965 - 1976 nach Alter und Geschlecht.

| Landes-sportbünde | Anteil Ges.-Bevölkerung 1976 | Anteil DSB-Mitglieder 1976 | Differenz | Mitgliederzunahme gesamt | Mitgliederzunahme Männer | Frauen | bis 14J. | 14-18J. | 18-21J. | über21J. |
|---|---|---|---|---|---|---|---|---|---|---|
| Baden - Nord | | 3,6 | | 61 | 43 | 134 | 97 | 48 | 23 | 57 |
| Baden-Süd | | 3,9 | | 88 | 67 | 173 | 139 | 77 | 48 | 80 |
| Württemberg | 14,8 | 8,0 | + 0,7 | 88 | 65 | 174 | 151 | 81 | 37 | 77 |
| Bayern | 17,6 | 17,0 | - 0,6 | 126 | 98 | 243 | 195 | 108 | 91 | 116 |
| Rheinland-Pfalz | 5,9 | 7,3 | + 1,4 | 84 | 61 | 195 | 150 | 79 | 59 | 69 |
| Hessen | 9,0 | 10,0 | + 1,0 | 85 | 63 | 163 | 124 | 64 | 50 | 81 |
| Saarland | 1,8 | 2,7 | + 0,9 | 90 | 62 | 219 | 116 | 109 | 85 | 78 |
| Nordrhein-Westfalen | 27,8 | 23,6 | - 4,2 | 88 | 64 | 176 | 167 | 68 | 29 | 74 |
| Niedersachsen | 11,7 | 12,9 | + 1,2 | 97 | 69 | 173 | 150 | 69 | 43 | 88 |
| Hamburg | 2,8 | 2,6 | - 0,2 | 63 | 48 | 95 | 101 | 49 | -4 | 59 |
| Bremen | 1,2 | 1,3 | + o,1 | 47 | 31 | 80 | 82 | 118 | 0 | 45 |
| Schleswig-Holstein | 4,2 | 4,6 | + 0,4 | 140 | 108 | 213 | 211 | 90 | 49 | 135 |
| Berlin | 3,2 | 2,5 | - 0,7 | 62 | 51 | 92 | 110 | 32 | -8 | 64 |
| insgesamt | 100 | 100 | -- | 92 | 69 | 176 | 152 | 74 | 44 | 85 |

Quellen: - Statistisches Jahrbuch der Bundesrepublik Deutschland 1965 und 1976
- Bestandserhebung des Deutschen Sportbundes 1965 und 1976
(nach: TIMM 1979, 216 und 218).

Interessant dürfte in diesem Zusammenhang noch der prozentuale Mitgliederzuwachs der Kinder in den einzelnen Sportarten sein, um von hier her Trends in der Bewegungsintensität, im Freizeitwert und der sozialen Integrationsmöglichkeit dieser Entwicklungsverläufe abschätzen zu können. Generell ist anzunehmen, daß Sportarten, die erhebliche prozentuale Zuwachsraten bei den Kindern und Jugendlichen haben, zu den "Wachstumssportarten" gehören. Allerdings ist zweierlei zu berücksichtigen. Zum einen sagen selbst sehr hohe prozentuale Zuwachsraten noch nichts über die tatsächliche Bedeutung aus. So gibt es Sportarten, die überhaupt erst im Untersuchungszeitraum sich in der Bundesrepublik Deutschland durchgesetzt haben, folglich sehr hohe prozentuale Anstiege aufweisen, ohne deshalb schon Gewicht erlangt zu haben; das gleiche gilt für solche Sportarten, die im Untersuchungszeitraum überhaupt erst für Kinder zugelassen oder "entdeckt" worden sind (z.B. Kegeln). Zum anderen gibt es typische Unterschiede in den Sportartenpräferenzen bei Kindern und Jugendlichen einerseits und Erwachsenen andererseits (vgl. KLEIN 1982, 61 f., SCHULKE 1982). So sind beispielsweise Schwimmen, Turnen, Judo und auch Leichtathletik Sportarten, die sehr häufig von Kindern im Sportverein betrieben werden, ohne daß dies in auch nur annähernd vergleichbarem Maße im Erwachsenenalter fortgesetzt würde. In Hinblick auf den prozentualen Mitgliederzuwachs der Kinder bei einzelnen Sportarten entspricht Nordrhein-Westfalen ziemlich exakt dem Bundesdurchschnitt, dessen Zahlen in der folgenden Tabelle wiedergegeben werden. Hierbei weist die letzte Zeile der Tabelle zusätzlich aus, daß von 1965 bis 1976 in besonders starkem Maße Kinder Mitglieder in den Vereinen des Deutschen Sportbundes geworden sind.

Tabelle:

Mitgliederzuwachs in den einzelnen Sportarten von 1965 bis 1976 nach Alter und Geschlecht (in %).

| Sportarten | Mitgliederzuwachs gesamt | Mitgliederzuwachs männlich | Mitgliederzuwachs weiblich | Mitgliederzuwachs bis 14 Jahre | 14 bis 18 Jahre | 18 bis 21 Jahre | über 21 Jahre |
|---|---|---|---|---|---|---|---|
| Badminton | 167 | 149 | 200 | 343 | 146 | 76 | 180 |
| Basketball | 154 | 127 | 264 | 366 | 162 | 92 | 116 |
| Bob u. Schlitten | 137 | 116 | 229 | 108 | 63 | 287 | 142 |
| Boxen | - 6 | -10 | 573 | 86 | -13 | -27 | -10 |
| Eissport | 85 | 91 | 73 | 96 | 10 | 8 | 116 |
| Fechten | 41 | 42 | 39 | 356 | 52 | -24 | 1 |
| Fußball | 66 | 56 | 194 | 126 | 70 | 40 | 40 |
| Golf | 136 | 132 | 142 | 557 | 156 | 51 | 132 |
| Handball | 69 | 44 | 260 | 158 | 72 | 38 | 48 |
| Hockey | 23 | 19 | 35 | 153 | 25 | -21 | - 2 |
| Judo | 466 | 379 | 1 426 | 1 383 | 434 | 271 | 197 |
| Kanu | 30 | 21 | 52 | 146 | 53 | 3 | 10 |
| Kegeln | 130 | 105 | 259 | 2 617 | 302 | 184 | 115 |
| Leichtathletik | 28 | 32 | 91 | 161 | 3 | -15 | 27 |
| Radsport | 16 | 9 | 54 | 91 | 3 | -15 | 11 |
| Reiten | 172 | 94 | 367 | 361 | 277 | 169 | 118 |
| Rollsport | 15 | 13 | 16 | 24 | -12 | -27 | 25 |
| Rudern | 13 | 9 | 36 | --- | 122 | -30 | - 3 |
| Rugby | - 3 | - 5 | 400 | 137 | -15 | -47 | - 8 |
| Schießen | 78 | 57 | 57 | --- | --- | --- | --- |
| Schwimmen | 76 | 58 | 100 | 142 | 19 | - 6 | 58 |
| Segeln | 238 | --- | --- | --- | --- | --- | --- |
| Ski | 100 | 83 | 136 | 208 | 85 | 38 | 91 |
| Tanzsport | 121 | 110 | 132 | --- | --- | --- | --- |
| Tennis | 239 | 229 | 251 | 688 | 176 | 101 | 245 |
| Tischtennis | 132 | 112 | 223 | 268 | 119 | 78 | 115 |
| Turnen | 66 | 18 | 123 | 89 | 22 | 7 | 68 |
| Volleyball | 2 433 | 2 188 | 2 920 | 2 870 | 2 388 | 2 607 | 2 315 |
| DSB-Gesamt | 92 | 69 | 176 | 152 | 74 | 44 | 83 |

Quelle: Bestandserhebung des Deutschen Sportbundes 1965 - 1976 (nach TIMM 1979, 215).

Hinsichtlich dem Anteil der Kinder und Jugendlichen an der Gesamtmitgliederzahl der Sportvereine diagnostiziert TIMM (1979, 73) ganz allgemein ebenso wie für Frauen ein Nord-Süd-Gefälle. Er führt dieses Phänomen auf das überzufällig häufige Auftreten von Großvereinen im Norden der Bundesrepublik Deutschland zurück, wobei diese Großvereine aufgrund ihres breitgestreuten Angebotes für Frauen, Kinder und Jugendliche besonders attraktiv sind. Es ist deshalb an dieser Stelle noch kurz nach der internen Vereinsstruktur, der Angebotsstruktur und Ausstattung der Sportvereine in Nordrhein-Westfalen zu fragen. Hierbei gibt es typische Unterschiede in der Vereinsstruktur auf dem Lande in Kleingemeinden bis 2 000 Einwohner und der Struktur in Vereinen in Städten und Großstädten. Wenn TIMM (1979, 222, Tabelle 17) den prozentualen Anteil der Kleingemeinden für Nordrhein-Westfalen mit 42 Prozent angibt, so ist er der niedrigste aller Bundesländer mit Ausnahme der Stadtstaaten und nur halb so hoch wie in Ländern wie Rheinland-Pfalz (89 %), Schleswig-Holstein (87 %), Niedersachsen (86 %) und Bayern (82 %). Hierzu muß festgestellt werden, daß es nach der kommunalen Gebietsreform von 1975 zwar keine Kleingemeinden unter 2 000 Einwohnern nominell mehr gibt, Lebensgewohnheiten, Gesellungsformen und Freizeitverhalten aber von den verwaltungsmäßigen Umstrukturierungen zunächst unberührt geblieben sind. Die typische Erscheinungsform des Sportvereins in den ehemaligen Kleingemeinden (bis 2 000 Einwohner)ist in erster Linie der allgemeine Turn- und Sportverein mit mehreren Abteilungen sowie der Kleinverein mit nur einer Sparte - hier dann in der Regel in der Sportart Fußball. Während die Kleinvereine erst in den Großstädten über 100 000 Einwohnern wieder an Bedeutung gewinnen, hier jedoch eher als Vereine in sehr speziellen, sozial attraktiven und prestige- und statusvermittelnden Sportarten, dominieren in den Klein- und Mittelstädten Vereine mittlerer Größe mit in der Regel mehreren Abteilungen.

Dies hat massive Auswirkungen auf Mitgliederanteile, Mitgliederstruktur und Aktivitätsniveau der Vereinsmitglieder. Diese richten sich in erster Linie an der Einbettung und Bedeutung des Vereins im gesamten Sozialleben aus.

Hier ist zunächst eine gänzlich unterschiedliche Funktion des Sportvereins auf dem Lande festzustellen.
SCHMITZ-SCHERZER (1974) weist darauf hin, daß auf dem Lande Vereins- und Gruppenmitgliedschaften ungleich häufiger als in der Stadt sind. Dies schlägt sich natürlich auch bei den Sportvereinsmitgliedschaften nieder. Für die Gemeinden unter 10 000 Einwohnern läßt sich für die ganze Bundesrepublik Deutschland feststellen, daß der relative Anteil an Sportvereinsmitgliedern erheblich höher ist als ihrem Anteil an der Gesamtbevölkerung entspräche (vgl. SCHLAGENHAUF 1977, 164, TIMM 1979, 69). Dies gilt für diesen durchgängigen Trend allerdings nur für erwachsene Männer, nicht aber für Frauen, Kinder und Jugendliche. TIMM registriert, daß mit zunehmender Gemeindegröße der Anteil weiblicher Mitglieder im Sportverein wächst, wohingegen für Kinder und Jugendliche eine doppelgipflige Verteilung festzustellen ist: "... einerseits steigt bei den meisten Vereinen mit zunehmender Gemeindegröße der Anteil der Jugendlichen, andererseits gewinnen in größeren Städten ... kleinere und kleinste Vereine in speziellen Sportarten an Bedeutung, die häufig keine oder nur wenige jugendliche Mitglieder aufweisen. In Städten über 50 000 Einwohner ist der Anteil der Vereine, die keine Jugendlichen (-14 Jahre) betreuen, mit 25 % doppelt so hoch wie in allen übrigen Gemeindegrößenklassen" (TIMM 1979, 74). Wenn aber für Großstädte auch geringere Sportvereinsmitgliedschaften auszumachen sind, so kann doch als gesichert gelten, daß sich hauptsächlich im städtischen Bereich unter den Vereinsmitgliedern ein eher sachorientierter, d.h. überwiegend an der Ausübung sportlicher Aktivität interessierter Anspruch entwickelt hat. So läßt sich empirisch feststellen, daß die allgemeine Abnahme der Sportvereinsmitgliedschaften bei zunehmender Ortsgröße im Gegensatz steht zur Beziehung Ortsgröße zur tatsächlichen Sportaktivität. Auf den Dörfern unter 2 000 Einwohner sinkt der Anteil der regelmäßig Sportaktiven auf fast die Hälfte des in allen anderen Ortsgrößenklassen anzutreffenden Anteils ab, obwohl wir gerade dort die höchsten Sportvereinsmitgliederdichten antreffen. Sehr zu recht weist deshalb auch SCHLAGENHAUF (1977) darauf hin, daß es vornehmlich ein qualitativer Aspekt ist, der das Freizeitverhalten

der Dorfbewohner ganz erheblich von dem der übrigen Bevölkerung unterscheidet: es ist viel stärker häuslich orientiert. "Dies ist neben der traditionell anders gelagerten Freizeitorientierung auf dem Dorf und dem geringeren dörflichen Angebot an außerhäuslichen Freizeitaktivitäten auch durch den Umstand zu erklären, daß drei Viertel der Bewohner von Dörfern unter 2 000 Einwohner ihre Wohnungen bzw. Häuser als Eigentümer bewohnen ... Offensichtlich resultiert aus dieser sachlichen Gegebenheit des Hausbesitzes eine Fülle von Aktivitäten (Instandhaltung, Verschönerung, Gartenpflege, Gartennutzung etc.), welche die Ausprägung des Freizeitverhaltens entscheidend mitbestimmt" (SCHLAGENHAUF 1977, 165). SCHLAGENHAUF führt die Sportaktivenquote auf drei Determinationsbereiche zurück: Siedlungsstruktur, Ausstattungskomponente und Sozialgefüge. Hierbei ist ein positiver Zusammenhang zwischen guter Anlagenausstattung und hohem Aktivitätsgrad zwar nachweisbar, allerdings ist der Effekt bei weitem nicht so groß, wie häufig angenommen wird. Das gleiche gilt für den Einfluß der günstigen räumlichen Lage, gemessen an der Anfahrtsdauer. "Wir sehen den wichtigsten Einfluß der Anlagen auf die Sportaktivität deshalb nicht in der quantitativen Aktivierung von Sporttreibenden, sondern in erster Linie in der qualitativen Determinierung des sportlichen Handlungsfeldes" (SCHLAGENHAUF, 1977, 165 f.). Die geringe Sportaktivenquote auf dem Land resultiert demnach aus

- der großen Zahl der Einspartenvereine mit dem Überhang von Fußballvereinen, die zudem einen sehr hohen Passivenanteil haben,
- der nahezu ausschließlichen Bezogenheit der Sportaktivität auf den Vereinssport, während in der Stadt weit stärker nichtorganisiertes Sporttreiben zu registrieren ist,
- den sozialen Bedingungen.

Umgekehrt sind die hohen Vereinsmitgliedschaften auf das Sozialgefüge auf dem Lande zurückzuführen. Dieses zeichnet sich durch eine höhere Durchschaubarkeit für das Individuum aus. Diese Situation ist mit verstärkter sozialer Kontrolle verbunden, die ihrerseits zu einem höheren Konformitätsdruck führt.

Die Vereinszugehörigkeit als Ausdruck der Teilnahme am öffentlichen Leben ist so geradezu gefordert. So läuft sehr viel der "Sichtbarkeit" einer Familie in einer kleinen Gemeinde und der Integration in das Gemeindeleben über die Zugehörigkeit zu den wichtigsten Vereinen, zu denen sicherlich auch der Sportverein gehört. Diese Aufgabe kommt bei der konservativeren Haltung und traditionelleren Rollenverteilung in Kleingemeinden dann aber in der Regel dem "Familienoberhaupt" zu. Genau dieser Gesichtspunkt ist für die Kinder allerdings kaum von Gewicht, da sich für sie der verstärkte Konformitätsdruck auf dem Lande auf andere Bereiche erstreckt. So ist denn auch der relative Anteil von Kindern auf dem Lande an Sportvereinsmitgliedern gegenüber denen in der Stadt erheblich geringer, da er sich an anderen Faktoren ausrichtet. Kinder auf dem Lande schließen sich in erster Linie einem Sportverein an, wenn sie tatsächlich aktiv Sport treiben. Hier schlägt dann für die geringere Sportvereinsmitgliedschaft der Kinder die durchgängig niedrigere Sportaktivität auf dem Lande und die Überzahl der Einspartenvereine zu Buche. Da sich ein Zusammenhang guter Anlagenausstattung mit einem hohen Sportaktivitätsgrad nachweisen läßt, selbst wenn er (wie SCHLAGENHAUF feststellt) nicht so hoch ist, wie oft angenommen wird, müßte noch kurz die Anlagenausstattung der Sportvereine Nordrhein-Westfalen näher betrachtet werden.

Zur Beurteilung der derzeitigen Situation muß zum Jahre 1960 zurückgegangen werden, in dem zum ersten Mal der "Goldene Plan für Gesundheit, Spiel und Erholung" erstellt wurde (DOG 1960). Die hohe Bereitschaft von Bund, Ländern und Gemeinden, Mangelsituationen und regionale Disproportionen im Bereich der Sportanlagen abzubauen, fand ihren Niederschlag im Bundesbaugesetz vom 23.6.1969, in dem die Gemeinden zur "Schaffung der erforderlichen Anlagen für Erholung, Spiel, Sport und Gesundheit" verpflichtet werden (DOG 1962, 20), und im Raumordnungsgesetz vom 8.4.1965, das Bund und Länder verpflichtet, "in allen Gebieten der Bundesrepublik Deutschland gesunde Lebens- und Arbeitsbedingungen sowie ausgewogene wirtschaftliche, soziale und kulturelle Verhältnisse zu erhalten, zu verbessern und zu schaffen" (§ 2). "Die Berechnungen zu Beginn des 'Goldenen Planes' gingen implizit von einer Gleichverteilung der sportlichen Aktivität über das gesamte Bundesgebiet aus, indem bestimmte Richtwerte pro Kopf der Bevölkerung mit dem vorhandenen Bestand aufgerechnet wurden. Der Vergleich der Bevölkerungsverteilung von 1960 mit den Mitgliederanteilen der Landessportbünde an der Gesamtmitgliedschaft des DSB zeigt jedoch deutlich regionale Unterschiede im Aktivitätsgrad der Bevölkerung auf, die bestimmt sind durch die Siedlungs- und Sozialsstruktur sowie geographische Eigenheiten der einzelnen Regionen. Diese hatten zur Folge, daß überall dort, wo eine höhere Vereinsbeteiligung der Bevölkerung vorlag, zwangsläufig mehr Sportanlagen zur Verfügung standen und somit das berechnete Investitionsvolumen geringer ausfallen mußte. Die Bedarfsberechnungen zum 'Goldenen Plan' waren also weniger an den Bedürfnissen der Vereine orientiert, als allgemein an einem flächendeckenden Anlagenangebot. Dies hatte jedoch den Vorteil, daß in bisher 'schwachen Gebieten' in bezug auf sportliche Aktivität mit der Zurverfügungstellung der sachlichen Voraussetzungen eine Sportnachfrage geschaffen wurde, die den bestehenden Disproportionen in der Verteilung der Bevölkerung und der Sportvereinsmitglieder entgegenwirkte"(TIMM 1979, 129). Es muß allerdings festgehalten werden, daß sich die tatsächlichen Investitionen keinesfalls am ursprünglich errechneten Bedarf orientierten. Für Nordrhein-Westfalen lag 1960 die bei weitem schlechteste Ausgangssituation vor. Die Förderung des Landes blieb jedoch hinter den geplanten Investitionen deutlich zurück (29,6 % gegenüber 34,6 %).

Tabelle: Bevölkerungsverteilung sowie geplante und realisierte Investitionsanteile im Rahmen des 'Goldenen Planes' nach Landessportbünden (in %).

| Landessportbünde | Bevölkerungsverteilung 1960 | Errechneter Finanzmittelbedarf 'Goldener Plan' 1960 | Restbedarf 'Goldener Plan' 1968 | Gesamtinvest. d. Länder im Rahmen des 'Goldenen Planes' v.1960-1975 |
|---|---|---|---|---|
| Baden-Württemberg | 13,7 | 11,2 | 11,6 | 12,8 |
| Bayern | 16,9 | 13,3 | 11,0 | 18,4 |
| Rheinland-Pfalz | 6,1 | 5,2 | 4,8 | 4,7 |
| Hessen | 8,5 | 7,8 | 8,2 | 9,8 |
| Saarland | 1,9 | 1,9 | 1,9 | 1,5 |
| Nordrhein-Westfalen | 28,3 | 34,6 | 33,8 | 29,6 |
| Niedersachsen | 11,9 | 13,1 | 14,8 | 5,7 |
| Hamburg | 3,3 | 2,9 | 2,9 | 5,4 |
| Bremen | 1,3 | 1,2 | 1,0 | 2,8 |
| Schleswig-Holstein | 4,1 | 4,0 | 5,1 | 2,3 |
| Berlin | 4,0 | 4,8 | 4,8 | 6,9 |
| insgesamt | 100,0 | 100,0 | 100,0 | 100,0 |

Quelle: DOG (nach: TIMM 1979, 127).

Die bisher vorliegenden Untersuchungen und Bestandsaufnahmen hinsichtlich der Versorgung von Gemeinden oder Regionen mit Basisfreizeiteinrichtungen sind nach übereinstimmender Meinung von Fachleuten (vgl. PAECH und RASE 1977, RASE und PAECH 1977, TIMM 1979, 130) weder zuverlässig genug noch ausreichend vergleichbar, um von hier her zu gesicherten Aussagen über die Anlagenausstattung der Basisfreizeiteinrichtungen (Turnhallen, Sportplätze, Freibäder, Hallenbäder) zu gelangen. Umstritten ist allein schon das, was wünschbar wäre, um es anzuzielen. Dies gilt für die Art der Einrichtung, die Kriterien für deren Attraktivität, die Standortwahl und die sozialräumliche Integration gleichermaßen. Während man vor noch 15 Jahren bemüht war, solche Einrichtungen in Naherholungsgebieten zu konzentrieren, plädiert man heute für eine Ansiedlung in unmittelbarer Benutzernähe, für kombinierte und in die jeweiligen Wohngebiete integrierte Freizeitzentren. Dabei gilt heute bereits die Entfernung von 20 Minuten Wegstrecke als kritische Distanz.
In Anbetracht dieser Unsicherheiten stützen sich die folgenden Feststellungen auf die Einschätzungen von Vereinsfunktionären, die in der organisationssoziologischen Untersuchung der Sportvereine in der Bundesrepublik Deutschland des Bundesinstituts für Sportwissenschaft erhoben wurden (vgl. TIMM 1979).
Dabei zeigt sich, daß für Nordrhein-Westfalen in bezug auf die Anlagen wie: Sporthallen, Sportplätze, Leichtathletikanlagen, Schwimmbäder, Umkleideräume, Vereinsbahnen und sonstige Anlagen bei den Vereinen die entsprechende Anlagen nutzen, keine Engpässe existieren, die über den Bundesdurchschnitt hinausgehen, wenngleich die Situation auch in keinem Bereich als besonders günstig eingeschätzt werden kann (vgl. TIMM 1979, 130 f. sowie Tabelle 66, 256).
Daß die Engpässe für die Vereine nicht aus dem Rahmen des allgemeinen Bundesdurchschnitts fallen, ist sicherlich auf die immer noch im Verhältnis zum Bundesdurchschnitt niedrige Größenordnung des relativen Sportvereinsmitgliedschaftsanteils in Nordrhein-Westfalen zurückzuführen; daß die Situation keinesfalls zufriedenstellend ist, beruht sicherlich auf dem hinter der Bedarfsberechnung zurückgebliebenen Investitionsvolumen.

In der Verteilung der Anlagen in der Stadt-Land-Relation entspricht Nordrhein-Westfalen dem Bundesdurchschnitt, der deshalb im folgenden wiedergegeben wird. Aus der folgenden Tabelle läßt sich keine einheitliche Tendenz feststellen. Offensichtlich sind kleinere Gemeinden besonders schlecht mit Leichtathletikanlagen ausgestattet, während mittelgroße Gemeinden hier besonders günstig abschneiden. Allerdings entspricht dies auch der Sportartenpräferenz in diesen Gemeindegrößenklassen. An dieser Stelle müssen dann aber auch generell Feststellungen über Anlageversorgung und Engpässe relativiert werden, da ein sehr enges wechselseitiges Verhältnis von Sportaktivität, Nachfragedruck, Angeboten der Sportvereine und Engpässe in Sportanlagen besteht. Wo bestimmte Sportarten von den Vereinen nicht angeboten und von der Bevölkerung weder aktiv betrieben noch nachgefragt werden, bestehen keine Engpässe bei den Sportanlagen, die zur Ausübung dieser Sportarten erforderlich wären, selbst wenn es überhaupt keine gibt. Wenn umgekehrt festgestellt wird, daß kleinere Gemeinden in bezug auf Vereinsheime in etwas stärkerem Ausmaß Engpässe aufweisen, so besagt dies noch nicht unbedingt, daß sie wirklich schlechter an Vereinsheimen ausgestattet sind, sondern verweist weit eher auf die andere - eher auf soziales Leben und Geselligkeit ausgerichtete - Funktion des Vereins in Kleingemeinden, die Vereinsheime erforderlich macht. Ähnlich verhält es sich in bezug auf die Versorgung mit Sporthallen. Der Kindersport erfordert ebenso wie der Frauensport häufig die Verfügung über eine Sporthalle (Turnen, Gymnastik). Da die kleinen einspartigen Vereine in den Kleingemeinden - auch auf Grund der Anlagenausstattung - häufig nur Fußball anbieten, sind entsprechend kaum Kinder und Frauen Mitglieder. Entsprechend sind auf Grund der geringen Nachfrage an Hallensportarten die Engpässe nicht gravierend, obwohl die Ausstattung an Hallen doch meist sehr begrenzt ist. "Umgekehrt hat die zunehmende Sportaktivität gerade dieser Bevölkerungsgruppe (Kinder und Frauen, Anm. d. Verf.) überall dort, wo Hallen zur Verfügung standen, einen Nachfragedruck erzeugt, der umgehend zu einem Engpaß bei diesen Anlagen führte" (TIMM 1979, 117).
Die Feststellung hingegen, daß Kleingemeinden und Großstädte

im Vergleich zu mittelgroßen Städten besonders ungünstig bei speziellen Sportanlagen (z.B. Eishallen, Radrennbahnen) abschneiden, erscheint bei näherem Hinsehen fast banal. Wenn beispielsweise eine Gemeinde von ca. 30 000 Einwohnern eine Eishalle errichtet, ist sie bezogen auf ihre Bevölkerung überversorgt. Großstädte haben selbst im günstigsten Fall selten mehr als zwei derartige Anlagen, womit sie auf jeden Fall zumindest rechnerisch unterversorgt sind, während Kleingemeinden solche Anlagen erst gar nicht erstellen.

Tabelle: Anteil der Vereine mit Engpässen bei den genutzten Anlagen nach Gemeindegrößenklassen (G = 3041, nach: TIMM 1979, 253)

| Gemeinde-größen-klassen | Anzahl der Vereine abs. | % | Sport-hallen % | Sport-plätze % | Leicht-athletik-anlagen % | Schwimm-bad % | Um-kleide-räume % | Ver-eins-heim % | sonstige Sportan-lagen % |
|---|---|---|---|---|---|---|---|---|---|
| bis 2 000 Einw. | 943 = | 31 % | 46 | 27 | 59 | 56 | 29 | 33 | 41 |
| bis 5 000 Einw. | 449 = | 15 % | 51 | 42 | 52 | 46 | 38 | 35 | 34 |
| bis 10 000 Einw. | 321 = | 10 % | 47 | 34 | 42 | 33 | 26 | 28 | 30 |
| bis 20 000 Einw. | 334 = | 11 % | 51 | 32 | 30 | 24 | 28 | 38 | 39 |
| bis 50 000 Einw. | 352 = | 12 % | 46 | 35 | 20 | 36 | 28 | 23 | 24 |
| bis 100 000 Einw. | 147 = | 5 % | 47 | 39 | 10 | 47 | 38 | 19 | 25 |
| bis 500 000 Einw. | 232 = | 7 % | 44 | 29 | 27 | 41 | 28 | 20 | 38 |
| üb. 500 000 Einw. | 263 = | 9 % | 48 | 38 | 26 | 58 | 34 | 28 | 42 |
| Vereine zusammen | 3 041 = | 100 % | 965 = 47 % | 628 = 33 % | 336 = 43 % | 301 = 44 % | 540 = 31 % | 390 = 30 % | 279 = 35 % |

Anm.: Die Tabelle besagt, daß beispielsweise 46 % der Vereine in Kleingemeinden (bis 2 000 Einwohner), die Sporthallen benützen, diese als mengenmäßig nicht ausreichend bezeichnen.

Bei aller Unsicherheit und Widersprüchlichkeit in der Einschätzung der Anlagensituation der Vereine läßt sich also unabhängig von der Einschätzung der Vereinsfunktionäre in Hinblick auf die Situation der Kinder für Nordrhein-Westfalen ebenso wie für das ganze Bundesgebiet vermuten, daß die traditionelle Orientierung der Sportvereine in der Vergangenheit in der Bedarfsdeckung zu einer Anlagenstruktur geführt hat, die dem Nachfragedruck der verstärkt in die Vereine drängenden Kinder nicht gerecht werden kann, wie umgekehrt viele Kinder erst gar nicht in Sportvereine gehen, selbst wenn sie es gerne würden, weil die Sportvereine auch von der Anlagenausstattung her ihrem Bedarf an Sportausübung ohnehin nicht entsprechen können.

## 8.2. Sozialisation zum Sport im Kindesalter

Der Frage, inwieweit die Sozialisation zu einem stabilen und zeitüberdauernden aktiven Sporttreiben in der Kindheit von verschiedenen sozialen Faktoren abhängig ist, zu denen auch die sozialökologischen Gegebenheiten zu rechnen sind, wurde in einer eigenen empirischen Arbeit nachgegangen.
Einem Interview unterzogen wurden 505 16-jährige Jugendliche (260 weibliche und 245 männliche) und 350 26 bis 35 Jahre alte Erwachsene (195 weibliche und 155 männliche).
Die Untersuchung war der deutsche Teil einer international vergleichenden Analyse "Socialization into Sport Involvement", die in insgesamt 14 Ländern durchgeführt wurde (zum theoreti- - schen Ansatz und den Fragestellungen: KENYON und McPHERSON 1973, LOY u.a. 1978, dort besonders Kapitel 6 "Sport and Socializing Institutions", 215 - 255, KLEIN 1982a). Zielsetzung der Analyse ist es, Ausmaß und Intensität der aktiven und passiven Involviertheit in den Sport zu verschiedenen Lebensaltern festzustellen. Der theoretische Forschungsansatz, der die Entwicklung sozialer Rollen - so auch die Freizeitrollensozialisation - in den interaktiven Zusammenhang sozialer Systeme versetzt, thematisiert besonders den Anteil, den die verschiedenen Instanzen des gesamten Sozialisationsgeschehens (Familie, Schule, Vereine, Freundschaftsgruppen und Gemeinde als soziales

System und in ihrer sozialräumlichen Beschaffenheit) für die Sportrollensozialisation in den Altersphasen der Kindheit (- 12 Jahre) und Jugend (- 16 Jahre) haben.
Neben der Schwierigkeit, daß es sich um eine international vergleichende Studie handelt, was in der Konstruktion der Erhebungsinstrumente häufig zu Kompromissen und einer Einigung auf den "kleinsten gemeinschaftlichen Nenner" zwang, besteht eines der Probleme dieser Untersuchung darin, daß es sich um eine "retrospektive Befragung" handelt, also in der Rückerinnerung danach gefragt wird, was gewesen ist und welche Bedeutung Ereignissen und Gegebenheiten zugekommen ist. Gerade diese Bedeutungen sind aber nicht fest und unveränderbar in der Vergangenheit angesiedelt: "Die gängige Auffassung, daß die Vergangenheit im Unterschied zum ewig strömenden Fluß der Gegenwart fest stehe, starr und unveränderlich sei, ist ... falsch" (BERGER 1971, 67). "Indem wir uns der Vergangenheit erinnern, interpretieren wir sie schon, und zwar in Übereinstimmung mit unseren jeweils aktuellen Auffassungen von dem, was wir für richtig halten oder nicht ... . Gemeint ist damit, daß wir in jeder Situation mit ihrer schier unbegrenzten Zahl von wahrnehmbaren Dingen tatsächlich nur die wahrnehmen, die etwas bedeuten für das, was wir gerade im Sinn haben " (a.a.O.).
Retrospektive Befragungen stellen also nicht nur Fakten fest, sondern diese "Fakten" sind im Rahmen der nachträglich eingetretenen Geschehnisverläufe und der Bedeutung, die diesen Fakten in diesem Zusammenhang zugeschrieben werden, zu interpretieren. Dennoch wird für die folgenden Befunde für die Sozialisation in der Kindheit fast vollständig auf die Daten der Erwachsenenuntersuchung zurückgegriffen. Dies geschieht vornehmlich, weil erst in diesem Alter ausgesagt werden kann, inwieweit aktives Sporttreiben über eine situative Aktivität der Jugendkultur hinaus (vgl. ANDERS 1982) tatsächlich zu einer stabilen Verhaltensweise geworden ist.

### 8.2.1. "Involvement"

Unter den Ergebnissen fällt als erstes auf, daß für einen grossen Teil der Befragten schon relativ früh ein Interesse am aktiven Sporttreiben entwickelt ist, nämlich im Alter von 5 bis 8 Jahren. Für die Personen, die überhaupt Interesse am aktiven Sporttreiben entwickeln, stellt sich dieses Interesse nur zu einem verschwindend geringen Prozentsatz nach dem 12. Lebensjahr ein. Auffallend ist allerdings, daß die Mädchen nicht nur durchschnittlich später als Jungen Interesse am aktiven Sporttreiben entwickeln, sondern daß ein recht erheblicher Prozentsatz (21 %) zu keiner Zeit dieses Interesse gewinnt. Dieser Befund hängt u.a. sicherlich mit dem gesellschaftlichen Erwartungssystem zusammen, das Sport - besonders in seiner Wettkampfform - eher als "männliche" Aktivität ausweist.

Tabelle: Alter des ersten Interesses am aktiven Sport (in %)

| Geschlecht | männlich (N = 155) | weiblich (N = 195) |
|---|---|---|
| bis 5 Jahre | 9 | 5 |
| 5 bis 8 Jahre | 45 | 37 |
| 9 bis 12 Jahre | 35 | 27 |
| 13 bis 16 Jahre | 7 | 10 |
| nie | 4 | 21 |
| | 100 | 100 |

Die geschlechtsspezifischen Unterschiede setzen sich im Grade des formellen (also in Institutionen betriebenen) und informellen (also nicht an Institutionen gebundenen) primären Involvements hinsichtlich aller erfragten Sportarten (Leichtathletik, Fußball und die jeweilige Lieblingssportart) fort.

Tabelle: Grad des informellen primären Involvements (in %)

| Geschlecht | Leichtathletik | | Fußball | | Lieblingssport | |
|---|---|---|---|---|---|---|
| | M | W | M | W | M | W |
| stark involviert | 26 | 10 | 43 | 2 | 68 | 35 |
| schwach involviert | 28 | 16 | 27 | 4 | 19 | 25 |
| nie involviert | 46 | 74 | 30 | 94 | 13 | 40 |
| | 100 | 100 | 100 | 100 | 100 | 100 |

Tabelle: Grad des formellen primären Involvements (in %)

| Geschlecht | | Leichtathletik | | Fußball | | Lieblingssport | |
|---|---|---|---|---|---|---|---|
| | | M | W | M | W | M | W |
| stark | involviert | 4 | 2 | 21 | 0 | 29 | 6 |
| schwach | involviert | 43 | 23 | 13 | 1 | 26 | 20 |
| nie | involviert | 53 | 75 | 66 | 99 | 45 | 74 |
| | | 100 | 100 | 100 | 100 | 100 | 100 |

An der letzten Tabelle überrascht zunächst einmal, daß männliche Personen zu 47 % formell in der Leichtathletik in Kindheit und Jugend involviert sind, dagegen nur 34 % im Fußball. Hier hätte man sicherlich ein deutliches Übergewicht des Fußballs erwartet, da Fußball als Nationalsportart der männlichen Bevölkerung wesentlich verbreiteter und beliebter ist als Leichtathletik. Außerdem werden wohl die meisten männlichen Personen aus ihrer subjektiven Erfahrung heraus Fußball als die Sportart bezeichnen, in der sie die ersten Kontakte zum wettkampfmäßig betriebenen Sport hatten, z.B. in der Nachbarschaft oder im engeren Freundeskreis. Dieser scheinbare Widerspruch läßt sich über die Institution Schule auflösen. In der Schule ist es vor allem die Leichtathletik, die im Sportunterricht und bei Bundesjugendspielen mehr einen offiziellen und formellen Charakter hat. So werden Zeiten mit der Stoppuhr genommen, Sprungweiten und -höhen exakt gemessen etc.. Fußball hingegen wird im Sportunterricht mehr "zum Spaß", zur Belohnung und Entspannung betrieben. Für diese Erklärung spricht nicht zuletzt die Tatsache, daß die Befragten im Fußball entweder stark formell involviert sind (21 %), also in Vereinen spielen, oder aber gar nicht (66 %). Bei der Leichtathletik dagegen ist ein sehr hoher Prozentsatz auf der Ebene des schwachen Involvements anzutreffen (43 %), kaum jemand aber auf der Ebene des starken Involvements (4 %). Vollends bestätigt wird dies, wenn man mit der Tabelle des informellen Involvements vergleicht, also der Teilnahme an Veranstaltungen ohne Anwesenheit von Schiedsrichtern oder Offiziellen. Hier zeigt sich deutlich, daß Fußball vor allem informell betrieben wird:

43 % der männlichen Befragten bezeichnen sich für diese Altersphase (- 16 Jahre) als stark informell involviert, 27 % als schwach informell involviert und nur 30 % nahmen auch am informell organisierten Fußball niemals teil. Bei der Leichtathletik dagegen verändert sich der Anteil derer, die nie informell aktiv sind (46 % der männlichen, 74 % der weiblichen Befragten) gegenüber dem formellen Involvement kaum (53 % der männlichen und 75 % der weiblichen Befragten sind nie formell involviert). Fußball ist also als Nationalsportart für männliche Kinder und Jugendliche im informellen Sportbetrieb am weitesten verbreitet und bestimmt das sportbezogene Bewegungsverhalten in der Freizeit.

### 8.2.2. Sozialisationsinstanzen

Als Ort, an dem das erste Interesse am aktiven Sporttreiben gewonnen worden ist, wird in erster Linie die Schule genannt.

Tabelle: Ort des ersten Interesses am aktiven Sport (in %)

| Geschlecht | männlich (N = 155 %) | weiblich (N = 195 %) |
|---|---|---|
| Familie | 20 | 21 |
| Schule | 53 | 63 |
| Sportverein | 13 | 5 |
| Nachbarschaft | 10 | 6 |
| anderes | 4 | 5 |
| | 100 | 100 |

Nach dieser Tabelle scheint die Schule die Sozialisationsinstanz zu sein, der eine überragende Bedeutung bei der Hinführung zum aktiven Sporttreiben zukommt. Setzt man allerdings den Ort des ersten Interesses am aktiven Sporttreiben in bezug auf dem Ausmaß tatsächlichen Sporttreibens im Jugend- und frühen Erwachsenenalter, so muß die Bedeutung der Schule stark eingeschränkt werden: Es zeigt sich nämlich, daß diejenigen, die die Schule als Ort des ersten Sportinteresses angeben, später nur in geringerem Maße sportlich aktiv sind, während es diejenigen, die die Familie oder den Sportverein angeben, in weitaus höherem Maße sind. Die Schule als der häufigste Ort des ersten Interesses am aktiven Sporttreiben ist also zugleich auch die Sozialisationsinstanz, die am wenigsten zu einer stabilen und zeitüberdauernden Sportsozialisation beiträgt.

Tabelle: Ort des ersten Interesses am aktiven Sporttreiben in seiner Bedeutung für die Aktivität im Jugend- und frühen Erwachsenenalter (in %)

| | | hochinvol. | mittelinvol. | niedriginvol. | gar nicht | |
|---|---|---|---|---|---|---|
| Ort des ersten Interesses | M | 56,0 | 27,7 | 16,3 | - | 100 |
| Elternhaus | W | 9,4 | 25,0 | 56,3 | 9,4 | 100 |
| Ort des ersten Interesses | M | 33,0 | 28,0 | 35,0 | 4,0 | 100 |
| Schule | W | 10,4 | 31,3 | 41,7 | 16,7 | 100 |
| Ort des ersten Interesses | M | 58,0 | 32,0 | 5,0 | 5,0 | 100 |
| Sportverein | W | 12,5 | 50,0 | 37,5 | - | 100 |

Die Gründe für den doch bescheidenen Beitrag der Schule für eine stabile Sportsozialisation sind vielfältig. Die Personen, die in der Schule das erste Mal Interesse am aktiven Sporttreiben gewinnen, sind zu dieser Zeit etwas älter als die, die dieses Interesse in der Familie oder im Sportverein entwickeln. Je früher aber das Interesse für den Sport gewonnen wird, desto stabiler bleibt auch der Bezug zum Sport. Hinzu kommt, daß der Kontakt mit dem Sport in der Schule zunächst einmal nicht freiwillig ist, sondern durch institutionelle Notwendigkeit hergestellt wird. Schule als Ort des ersten Interesses am aktiven Sporttreiben dürfte also in erster Linie für solche Kinder gegeben sein, die nicht schon vorher durch andere (primäre) Sozialisationsinstanzen am Sport interessiert werden. Damit wird in der Schule das Interesse kaum von Bezugspersonen vermittelt, zu denen ein enges, emotional geprägtes Verhältnis besteht.

Einige schulinterne Gründe kommen hinzu: Große Klassen

und verbindliche Lehrpläne, die eben lediglich auf bestimmte Sportarten und nicht auf das Körperleben und damit auf die Subjektivität und Identitätsentwicklung des Schülers ausgerichtet sind, lassen nur in den seltensten Fällen eine auf die individuellen Neigungen und Fähigkeiten bezogene Förderung zu; zudem ist der Sportunterricht an den Schulen - insbesondere für Mädchen - häufig sehr mäßig. Ein weiterer gravierender Faktor wird viel zu wenig beachtet: Die oben angesprochene "Parzellierung" der gesamten Lebenswelt der Kinder, wobei die je eigene "Rationalität" jedes Lebensbereichs kaum Übertragungen in einen anderen ermöglicht, vor allem auch die angesprochene Veränderung der Freizeitumwelt, die die Bewegungsmöglichkeiten so nachhaltig beschränkt, läßt eine automatische Umsetzung von Bewegungsfertigkeiten aus dem Sportbereich in der Schule in ein stabiles Freizeitverhalten nicht zu. Damit der schulische Sportunterricht hierfür Bedeutung gewinnen könnte, müßte er Übersetzungsregeln für die veränderte Freizeitumwelt der Kinder vermitteln. Da aber die Sportlehrpläne ebenso wie die Sportlehrerausbildung lediglich auf den schulinternen Bereich bezogen bleiben und sich den konkreten Lebenswelten und -problemen gegenüber "neutral" und ignorant verhalten, bleibt Sportunterricht für die gesamte Sozialisation des Kindes weitgehend bedeutungslos (vgl. auch KLEIN 1981), die Schule stellt so auch im Sportunterricht weit eher lediglich eine Lerninsel dar, die ihrerseits zu einer weiteren Parzellierung des gesamten Spiel- und Bewegungsverhaltens der Kinder führt. Für die Sozialisation zum Sport kommt damit der Familie offensichtlich die entscheidende Rolle zu. Dabei aber verläuft die Sozialisation in den Sport für Mädchen komplizierter als für Jungen. Während generell der gleichgeschlechtliche Elternteil die entscheidende Bedeutung für die Sozialisation in der Familie besitzt, belegen alle Untersuchungen, daß für Kinder beiderlei Geschlechts der Vater für die Sozialisation zum Sport eine weit höhere Rolle spielt als die Mutter, Jungen sich hierbei also mit einer Bezugsperson des eigenen Geschlechts identifizieren können, Mädchen hingegen einen Identifikationswechsel vornehmen müssen. Da es gerade in ihrer primären Sozialisationsumwelt an Orientierungsmodellen mangelt,

ist aktives Sporttreiben für Mädchen in weit geringerem Maße mit der eigenen Geschlechtsidentität in Verbindung zu bringen als für Jungen. Wie wichtig die konkreten Vorbilder in der sozialen Nahumwelt sind, wird auch dadurch belegt, daß der Unterschied zwischen Mädchen und Jungen hinsichtlich dem Sporttreiben um so geringer ist, je stärker die Sportaktivität der Eltern selbst ist.
Die Hinwendung zum Sport ist bei Mädchen - wenn sie überhaupt erfolgt - so eher rezeptiv als an aktivem Teilnehmen orientiert. Dies spiegelt sich auch in den Medien wider, durch die Interesse am Sporttreiben gewonnen worden ist.

Tabelle: Medien durch die das erste Interesse am aktiven Sporttreiben gewonnen worden ist (in %)

| | männlich (N = 155) | weiblich (N = 195) |
|---|---|---|
| aktive Teilnahme | 56 | 44 |
| Besuch von Sportveranstaltungen | 19 | 10 |
| Massenmedien | 9 | 13 |
| Gespräch über Sport | 14 | 21 |
| anderes | 2 | 12 |
| | 100 | 100 |

Die Zahlen geben natürlich nur relative Anteile wieder. Wenn man in Rechnung stellt, um wieviel häufiger Jungen über Sport reden als Mädchen und auch Sport über die Massenmedien rezipieren, kann man ermessen, wie niedrig die Anregung zum Sport insgesamt für Mädchen tatsächlich ist. So ist auch die Bedeutung des Besitzes von Sportidolen für die Sozialisation zum Sport zumindest für Mädchen strittig. Gerenell herrscht zwar die Annahme vor, daß der Sportberichterstattung über den Spitzensport und der dadurch erfolgenden Vermittlung von Identifikationsobjekten für Kinder und Jugendliche eine große Bedeutung für aktives Sportinvolvement zukommt. Zwar läßt sich zeigen, daß Personen, die im frühen Erwachsenenalter eine relativ hohe Sportaktivität aufweisen, hochsignifikant häufiger im Kindes- und Jugendalter Athleten als Idole besaßen (vgl. NÖCKER und KLEIN 1980), so wie aber generell die Frau in der Sportberichterstattung dargestellt wird, ist allerdings nicht davon auszugehen, daß hier für Mädchen ein sehr sinnvoller Ansatzpunkt für Identifikationsprozesse gegeben ist. Denn "Voraussetzung für diese Identifikationsprozesse ist ... die affektive Bindung an das Bezugsobjekt. Das Identifikationsobjekt zeichnet sich durch Kriterien aus, die es als Repräsentanten eines sozialen Zusammenhangs ausweisen, dem sich derjenige, der sich identifiziert in seinem Identifikationsverständnis zugehörig weiß" (NÖCKER und KLEIN 1980, 5). Diese Voraussetzung ist nun für Mädchen weder bei der Darstellung männlicher noch weiblicher Sportidole gegeben. Hinzu kommt, daß die Identifikation mit Sportidolen vermutlich nicht direkt erfolgt, sondern durch Bezugsgruppen vermittelt wird.

"Identifikationen mit Spitzensportlern von der Qualität des 'signifikanten Anderen' wären nur möglich, wenn Spitzensportler als Idole Bestandteil eines verbindlichen kulturellen Symbolbestandes wären oder über eine Bezugsgruppe vermittelt werden, die gemeinsam den bestimmten Stil des Idolbezuges teilt, d.h. das Idol in den Kommunikationsprozessen der Bezugsgruppe realer Symbolbestandteil ist ... Durch die soziale Partizipation wird gewährleistet, daß Perspektiven, an denen die Teilhaber einer Gruppe partizipieren, internalisiert werden ... Die Symbole, die in solchen Gruppen verwendet und ausgetauscht werden, stellen somit nicht nur abstrakte, sondern unmittelbare Identifikationsobjekte dar" (a.a.O., 8 f.).

Da nun Jungen weit häufiger Peergruppen als Bezugspersonen haben als Mädchen und in diesen "männlichen" Peergruppen Sport und Sportidole weit eher eine unmittelbare Bedeutung für gemeinsame Perspektiven besitzen, ist es nicht verwunderlich, daß männliche Kinder und Jugendliche weit eher Sportidole als Orientierungsmaßstäbe besitzen und diese Sportidole auch Bedeutung für das eigene aktive Sporttreiben erlangen, wohingegen Mädchen in deutlich niedrigerem Maße über Sport-

idole verfügen, diese Sportidole in der Regel männlich sind und auch kaum relevant für das eigene Verhalten werden.
Der oben angesprochene Aspekt der konkreten Vorbilder in der sozialen Nahumwelt läßt uns vermuten, daß die Sozialisation zum Sport um so intensiver und stabiler erfolgt, je größer die Bedeutung des aktiven Sporttreibens im sozialen Nahbereich ist, je mehr diese darin bestätigt und bekräftigt wird und je unmittelbarer der direkte Kontakt mit sporttreibenden Bezugspersonen in den sozialen Bezügen der Familie, der Peer-Groups und der Gemeinde ist. Dies läßt uns noch einmal auf Stadt-Land-Unterschiede zurückkommen.
Für Stadt-Land-Unterschiede hinsichtlich des Sportinvolvements ist sicherlich wie bereits erwähnt nicht nur der Faktor des Ausmaßes der Entwicklung der sportbezogenen Infrastruktur entscheidend, sondern hier spielen andere qualitative Faktoren des gesamten Lebensstils eine Rolle, auf die oben schon hingewiesen worden ist. Insgesamt kann davon ausgegangen werden, daß das Individuum in dörflichen oder kleinstädtischen Gemeinden in engeren und überschaubareren Kontakten zu seiner sozialen Umwelt steht. In dieser Umgebung gewinnen Sportanlagen eine größere Bedeutsamkeit und auch das eigene aktive Sporttreiben erhält für diejenigen, die tatsächlich Sport treiben, in nachbarschaftlichen Bezügen oder in Freundschaftsgruppen der Kinder und Jugendlichen eine herausgehobenere Bedeutung.
Deshalb ist zu vermuten, daß in kleineren Gemeinden trotz des geringeren Anteils von Sportvereinsmitgliedern unter den Kindern der dort eher anzutreffende informelle Sportbetrieb zu einem größeren Anteil der aktiv Hochinvolvierten führt.
Zur Uberprüfung dieser Annahme wurde aus den Variablen formeller Trainingsaktivität, informeller Trainingsaktivität und formeller wie informeller Wettkampfteilnahme ein Aktivitätsindex konstruiert und die Sportaktivität im Kindes- und Jungendalter nach Wohnortgröße überprüft.

Tabelle: Sportaktivität in Kindheit und Jugend nach Wohnortgröße (in %)

| | | hochinvol. | mittelinvol. | niedriginvol. | gar nicht |
|---|---|---|---|---|---|
| Dorf | männlich | 50 | 11,5 | 27 | 11,5 |
| | weiblich | 5 | 11,0 | 62 | 22,0 |
| Kleinstadt | männlich | 50 | 25,0 | 16 | 8,0 |
| | weiblich | 21 | 21,0 | 48 | 10,0 |
| 10 000 - 30 000 | männlich | 41 | 41,0 | 17 | - |
| | weiblich | 17 | 50,0 | 25 | 8,0 |
| 100 000 - 500 000 | männlich | 47 | 30,0 | 13 | 9,0 |
| | weiblich | 5 | 25,0 | 45 | 25,0 |
| über 500 000 | männlich | 38 | 22,0 | 34 | 6,0 |
| | weiblich | 7 | 23,0 | 33 | 37,0 |

Es wird deutlich, daß der Anteil der Hochinvolvierten auf dem Dorf und in der Kleinstadt größer ist als in der Metropole über 500 000 Einwohner (50 % gegenüber 38 %). Von noch entscheidenderem Gewicht dürfte aber sein, daß das einmal erworbene Sportinvolvement in kleineren Gemeinden "härter" ist und eher ins Erwachsenenalter fortgeführt wird als das in Großstädten erworbene Sportinvolvement. Hierzu wurde der Aktivitätsindex im Kindes- und Jugendalter dem Aktivitätsindex im Erwachsenenalter von auf dem Dorf und in der Großstadt über 500 000 Einwohner groß gewordenen männlichen Erwachsenen gegenübergestellt.

Tabelle: Aktivitätsindex im Kindes- und Jugendalter und Aktivitätsindex im Erwachsenenalter männlicher Befragter nach Dorf und Metropole (in %)

| | | hochinvol. | mittelinvol. | niedriginvol. | gar nicht |
|---|---|---|---|---|---|
| Dorf | Jugend | 50,0 | 11,5 | 26,9 | 11,5 |
| | Erwachsen | 38,5 | 7,7 | 38,5 | 15,2 |
| | Differenz | - 11,5 | - 3,8 | + 11,6 | + 3,7 |
| Großstadt | Jugend | 38,1 | 22,2 | 33,3 | 6,3 |
| | Erwachsen | 22,2 | 14,7 | 47,6 | 15,3 |
| | Differenz | - 15,9 | - 7,5 | + 14,3 | + 9,0 |

Heranwachsende sind in kleineren Gemeinden demnach nicht nur häufiger in einem höheren Maße aktiv in den Sport involviert, sondern dieses Involvement ist dort auch überdauernder als in Metropolen. Da die Gegenüberstellung der sportbezogenen Infrastruktur ergeben hat, daß dieser Tatbestand nicht nur auf die strukturelle Beschaffenheit des Sportflächenangebots, also Erreichbarkeit und Zugänglichkeit zurückgeführt werden kann, muß die Entstehung eines stärkeren und konsistenteren Sportinvolvements auch auf andere Faktoren zurückgeführt werden, die sich eben auf Unterschiede im gesamten Lebensstil beziehen.

### 8.2.3. Sozialökologische Voraussetzungen

Da das Vorhandensein und die Erreichbarkeit von Sportanlagen eine notwendige Bedingung für Sportaktivitäten darstellt, ist die infrastrukturelle Versorgung eines Lebensraumes mit Sportanlagen natürlich ein wichtiger Faktor für die Sozialisation zum Sport. Wie oben bereits ausgeführt, gibt es auch und gerade für Kinder Lebensräume mit höchst unterschiedlicher infrastruktureller Ausgestaltung mit verschiedenen Nutzungsmöglichkeiten. Es wurde oben in der Analyse typischer Wohnregionen in Nordrhein-Westfalen auch betont, daß sich je nach Sozialindex des jeweiligen Wohngebietes tendenziell deutliche Unterschiede feststellen lassen. Nun ist aber Lebensraum nicht nur eine "objektive" Größe, in der sich Entfernungen nach Metern und Kilometern und Wegezeiten nach Minuten und Stunden eindeutig bestimmen ließen; der Lebensraum wird immer auch nach den Bedeutungen, die ihm beigelegt werden, und den Handlungen, die man in ihm beabsichtigt, subjektiv ausgelegt und gestaltet. Der Lebensraum, der scheinbar objektive Maße und eine objektive Struktur hat, ist damit immer zugleich auch privater (KRUSE 1979) oder besser sozialer Raum (KRUSE und GRAUMANN 1978). "Räumlich-Gegenständliches kann Ausgang, Medium wie Ziel von Handlungen sein. Was, rein perzeptiv, als nah und fern imponiert, ist für den Handelnden primär das unmittelbar Verfügbare, das möglicherweise Erreichbare, das Unerreichbare. Die Dinge hier gehören zu meinem unmittelbaren Handlungsfeld, zum 'Handhabungsbereich' (manipulatory area), wie G.H. MEAD das

'Zentrum der dauerhaften Umwelt' nennt, in dem wir Wahrgenommenes durch Kontakt, d.h. aber durch die Erfahrung eines Widerstandes, realisieren. Auch SCHÜTZ (1971) interessiert innerhalb der 'Welt in meiner aktuellen Reichweite' der Handhabungsbereich, der, weil ich unmittelbar auf ihn einwirken kann, als Realität erfahren bzw. konstituiert wird. Er ist 'Kern der Wirklichkeit' (SCHÜTZ). Wichtig ist nur, daß, wie sich bereits aus der Horizontstruktur unserer Erfahrung ergibt, das System 'Welt in meiner Reichweite' sich mit jeder Bewegung des Leibes ändert. Insofern ist die tatsächliche Reichweite präsentisch. Das heißt, sie impliziert zweifach die potentielle Reichweite: a) das, was früher in meiner tatsächlichen Reichweite war, gehört vielleicht zur 'Welt in wiederherstellbarer Reichweite'; wichtiger aber b) das, was bis jetzt noch nicht in meiner aktuellen Reichweite war, mir aber erreichbar erscheint: 'die Welt in erlangbarer Reichweite'" (KRUSE und GRAUMANN 1978, 183).

Die Sozialität des Handlungs- oder Lebensraumes wird bestimmt durch deren Aneignung und deren Valenz. Die Valenzen sind "Umweltqualitäten der relativen Geignetheit für die jeweiligen Handlungsintention eines Subjekts. Was immer wir in der Welt um uns geeignet, dienlich, tauglich, brauchbar finden, ist ... mehr oder minder gut für irgendetwas, was wir vorhaben" (KRUSE und GRAUMANN 1978, 187).

Aneignung ist dann der gelernte tatsächliche Umgang mit dem sozialen Raum, "denn nicht die beispielsweise große 'geographische' Distanz als solche macht etwas schwer oder gar nicht erreichbar, sondern ganz entscheidend die Art, wie wir uns zu derartigen Entfernungen zu verhalten gelernt haben ... . Zu dem, was in psychologischer Perspektive individuelle Aneignung heißt ..., gehört wesentlich, die gesellschaftlich kumulierte Erfahrung mit Typen von Dingen, Ereignissen, aber auch Personen, neu zu erwerben. Aneignung eines Gegenstandes ist also in der Regel Aneignung des Umgangs mit dieser Art Gegenstand, wie dieser Umgang von Mitmenschen vermittelt worden ist" (KRUSE und GRAUMANN 1978, 184).

Auch in unserer Untersuchung finden sich hochinteressante Ergebnisse, die darauf hindeuten, daß auch Sportanlagen entsprechend ihrer Bedeutung im jeweiligen Lebenszusammenhang wahrgenommen und sozial-räumlich verarbeitet werden: Jungen und Mädchen beispielsweise perzipieren Sportanlagen als unterschiedlich weit entfernt bzw. als unterschiedlich erreichbar.

Tabelle: Entfernung zu einer Sportanlage in der Kindheit (%)

| | befragte Jugendliche | | befragte Erwachsene | |
|---|---|---|---|---|
| | M W | W M | M W | W M |
| 0 bis 1 km | 39 | 48 | 25 | 33 |
| 1 bis 5 km | 55 | 45 | 68 | 61 |
| mehr als 6 km | 6 | 7 | 7 | 6 |
| | N = 254 | N = 251 | N = 195 | N = 155 |

Es geben mehr der befragten Jugendlichen als der befragten Erwachsenen an, daß sich in ihrer Kindheit eine Sportanlage in ihrer unmittelbaren Wohnumgebung befunden habe (0 - 1 km vom Elternhaus entfernt). Es ist also davon auszugehen, daß sich die sportbezogene Infrastruktur in den letzten 20 Jahren so verändert hat, daß sich eine Verbesserung in den handlungsrelevanten Bereichen der sozialen Nahumwelt vollzogen hat.

Auffällig aber ist, daß sowohl unter den jugendlichen wie unter den erwachsenen Befragten mehr männliche als weibliche Personen angeben, daß sich eine Sportanlage in unmittelbarer Wohnumgebung befunden hat. Und zwar gilt dies, ob nach Sportanlagen allgemein oder differenziert nach Leichtathletik-, Fußball- oder Anlagen, die für die eigene Lieblingssportart - sofern es sich nicht um Leichtathletik oder Fußball handelt - geeignet sind, gefragt wird. Wenn nach den Wegzeiten differenziert nach unterschiedlichen Sportanlagentypen gefragt wird, erhöht sich sogar noch die Prozentdifferenz der männlichen Befragten, die angeben, eine Sportanlage habe sich in der handlungsrelevanten Nahumwelt von bis zu 5 Minuten Wegzeit befunden, gegenüber den weiblichen Befragten beträchtlich.

Tabelle: Entfernung zu Sportanlagen verschiedener Art (in % derjenigen, die die jeweilige Kategorie angeben).

Die Frage lautete: "Während Sie 5 - 12 Jahre alt waren, wie lange brauchten Sie wohl meistens, um Einrichtungen zu erreichen, wo Sie offiziell oder inoffiziell folgende Sportarten betreiben konnten?"

| Erwachsene | Leichtathletik | | Fußball | | Lieblingssport | |
|---|---|---|---|---|---|---|
| | M | W | M | W | M | W |
| 0 bis 5 min. | 26,4 | 12,2 | 37,9 | 21,9 | 21,2 | 12,3 |
| 6 bis 15 min. | 40,0 | 36,1 | 39,4 | 36,0 | 45,5 | 35,2 |
| mehr als 15 min. | 28,0 | 42,9 | 22,0 | 35,1 | 28,8 | 42,6 |
| nicht erreichbar | 5,6 | 8,8 | 0,7 | 7,0 | 4,5 | 9,8 |
| | 100 | 100 | 100 | 100 | 100 | 100 |
| | N = 125 | N = 147 | N = 132 | N = 114 | N = 66 | N = 122 |

Tabelle: Entfernung zu Sportanlagen verschiedener Art

| Jugendliche | Leichtathletik | | Fußball | | Lieblingssport | |
|---|---|---|---|---|---|---|
| | M | W | M | W | M | W |
| 0 bis 5 min. | 32,2 | 24,0 | 48,1 | 36,4 | 33,7 | 28,2 |
| 6 bis 15 min. | 30,4 | 41,5 | 32,8 | 45,7 | 31,3 | 38,1 |
| mehr als 15 min. | 31,8 | 30,5 | 18,3 | 15,9 | 28,9 | 28,7 |
| nicht erreichbar | 5,6 | 4,0 | 0,8 | 2,0 | 6,0 | 5,0 |
| | 100 | 100 | 100 | 100 | 100 | 100 |
| | N = 214 | N = 200 | N = 241 | N = 151 | N = 83 | N = 202 |

Da männliche wie weibliche Personen jedoch aus denselben regionalen Wohnräumen befragt wurden, können diese Unterschiede "objektiv" nicht stimmen. Vielmehr dürften sich die Differenzen aus den unterschiedlichen Wahrnehmungsstrukturen und Bedeutungsgewichtungen ergeben, wie sie sich bei retrospektiven Befragungen einstellen. Aufgrund ihrer erwiesenermaßen geringeren Aktivität nehmen Frauen öfters Sportanlagen als weniger nah wahr, da sie diesen eine geringe Bedeutung beimessen. Umgekehrt bestimmt die Perzeption auch die Entscheidung, sich tatsächlich in Bewegung zu setzen. Interessant ist ja der Tatbestand, daß der gleiche Prozentsatz an männlichen und weiblichen Befragten angibt, Sportanlagen seien weit entfernt (weiter als 6 km), während sich die Unterschiede genau an der Schwelle einstellen, wo sich aus der Entfernung ein unmittelbarer Einbezug der Sportanlage in die alltägliche Lebenswelt ergibt (bis ca. 1 km), ob also die Nutzung der Sportanlage eine alltägliche Handlungsselbstverständlichkeit sein könnte, oder ob es eines planenden Vorsatzes bedarf, zur Sportanlage hinzugehen.

Ob also das Vorhandensein von Sportanlagen tatsächlich zu sportbezogenem Handeln führt, hängt einerseits mit kulturellen Benützungsmustern (Aneignung) zusammen, die in der Regel langfristige Umstellungsprozesse erfordern, und andererseits von der sozialen Struktur des Handlungsraumes der jeweiligen Personengruppe.

Wie aus vielfältigen Untersuchungen zur geschlechtsspezifischen Sozialisation bekannt ist, werden Mädchen in der Regel als unselbständiger, ängstlicher, abhängiger als Jungen definiert; sie wachsen also wesentlich "behüteter" und in engere Bindung an die Familie auf. Die geschlechtsspezifische Sozialisation, die Mädchen und Jungen innerhalb der Sozialisationsagentur Familie erfahren, ist also durch eine verschiedenartige Größe und Gestalt von Handlungsräumen gekennzeichnet, was auch in sehr unterschiedlichem Ausmaß Chancen zu eigenständigen Erfahrungen außerhalb des Familienkreises zuläßt. Dementsprechend müßte ein "weiblicher" Handlungsraum als eher eng, familienzentriert und abhängig charakterisiert werden. Von diesen Charakteristika her bestimmen sich auch die Wahrnehmungsstrukturen für die gesamte Lebenswelt, die dann ihrerseits Bedingungsfaktoren für die Schwellenwerte werden, an denen sozialökologische Gegebenheiten handlungsbestimmend werden (HAMMERICH und KLEIN 1978, 15). So weist auch WEISHAUPT (1982, 79) darauf hin, daß bei insgesamt höherer Kontrolle von Mädchen diesen die volle Entfaltung ihres Bewegungsdranges nur dann erlaubt ist, wenn die Wohnumgebung gefahrenlos für Kinder ist, und erklärt damit den nur bei Mädchen bestehenden Einfluß der Wohnumgebung auf das Sportinteresse. Das tatsächliche Sportverhalten dürfte allerdings bei Jungen wie bei Mädchen auch von der Wohnumgebung und den weiteren sozialökologischen Gegebenheiten geprägt werden - wenn auch in unterschiedlichem Ausmaß.

## 9. Fazit

Es leuchtet unmittelbar ein, daß in der Komplexität, in der hier die Problematik der Freizeit des Kindes in seiner dominanten Tätigkeit des Spielverhaltens diskutiert und in verschiedene gesellschaftliche Bezüge gestellt wurde, so etwas wie eine "Lösung", die klar und eindeutig hingestellt werden könnte, nicht angeboten werden kann. Es können im folgenden nur einige Aspekte noch kurz diskutiert werden, die sich u.E. aus dem Dargestellten zwingend ergeben, wobei gegen jeden dieser Aspekte wiederum eine Vielzahl von Einwänden unter Berufung auf angebliche "Sachzwänge" vorgebracht werden können. Wir sind allerdings der Meinung, daß es nicht angeht, sich unter Berufung auf diese angeblich objektiv gegebenen Sachzwänge um eine Diskussion der in diesen Sachgegebenheiten stillschweigend vorgenommenen Wertentscheidungen herumzudrücken. "Lösungsmöglichkeiten" können nur als eine Auseinandersetzung um Wertkonflikte ernsthaft diskutiert werden, in der klar ausgewiesen wird, für welchen Lebensstil und welche Lebensform man gewillt ist, sich zu entscheiden, und auch welche Kosten und Konsequenzen man gewillt ist, hierfür in Kauf zu nehmen. Aus den voranstehenden Ausführungen ist sicherlich deutlich geworden, daß wir in einer bloßen technokratischen Vermehrung an Gelegenheiten für Spiel und Sport keine Lösung sehen können. Quantitative Größen allein sagen nichts aus, welche Bedeutung Spielen und Sport in den Lebenswelten der Kinder haben und auch nichts über die Qualität des Spiels.
Es dürfte deutlich geworden sein, daß für uns "Lösungen" nur unter Berücksichtigung bestimmter zentraler Zielprämissen zu diskutieren sind. Von besonderer Wichtigkeit dürfte in diesem Zusammenhang sein, der Zerstückelung und Parzellierung der Lebenswelt des Kindes und damit auch der Ausgliederung des Spiels aus den weiteren Lebensbezügen entgegenzuwirken. Im Interesse einer sinnhaft orientierten Persönlichkeitsentwicklung müßte die Ganzheit des Lebens und des Spiels der Kinder zur Geltung gebracht werden, und damit auch das Spiel in die konkrete Lebenswelt integriert werden.
Ebensowenig ist es sinnvoll, im Spielen und auch im Sport der

Kinder lediglich von einer funktionalen Ausrichtung des Körpers auf bestimmte isolierte Bewegungsformen auszugehen, die sich auf abstrakte Sportarten richten. Es käme vielmehr darauf an, das Kind auch in seinem Spiel und seiner Bewegung in seiner Subjektivität ernst zu nehmen, d.h. das Kind als konkret existierenden und damit auch in sozialen Bezügen lebenden Menschen zu sehen. Dabei aber ist der Körper primär nicht funktional gerichteter, sondern erlebter Körper, über den sich die gesamte sinnhaft gerichtete Identität des Menschen aufbaut.

In Frage steht also die generelle Frage, ob man sich für eine Lebensform entscheidet, die sich am Menschen orientiert oder an scheinbar verallgemeinerbaren Prinzipien vorgegebener "Rationalität", an aus dieser "Rationalität" abgeleiteten Effektivitätskriterien, an Wirtschaftlichkeit und Rentabilität.

Wenn an die oben zitierten Bemerkungen erinnert wird, daß nicht der Ernst des Lebens für sich genommen der Widerpart des Spiels ist, sondern vielmehr die zergliedernde Vernunft des analytischen Sachverstandes das Spiel aus den Städten vertrieben hat (CONRADS 1974, 12), und daß das Begreifen des Zusammenhangs des Gesamtraumes unserer Lebenswelt blockiert ist, weil die an ökonomischem Credo, Funktionalität und Rentabilität ausgerichtete technokratische Raumplanung unseren Alltag fragmentarisiert und damit auch unsere Verhaltensweisen und Orientierungsmuster "parzelliert" (LENZ-ROMEISS 1974), dürfte die Hauptrichtung der aus den oben genannten zentralen Zielprämissen abzuleitenden Konsequenzen deutlich sein:

a. Raumplanung und Baustruktur

- Bei den Bedarfs- und Nutzungsplanungen sollten die starren Berechnungskriterien aufgegeben werden, denen eine vorwiegend ökonomisch ausgerichtete Effektivitäts- und Vergleichbarkeitsideologie zugrunde liegt. Gewählt werden müßte eine an den tatsächlichen sozialen Gegebenheiten und Nutzungsbedürfnissen orientierte kleinräumige Bedarfsplanung. Dabei sollte der lediglich auf großräumigen Meßgrößen, die sich zudem aus Verwaltungserfordernissen und nicht aus Lebensformen ergeben, bezogenen Ideologie von Vergleichbarkeit und Gleichversorgung ruhig die Tatsache entgegengesetzt werden, daß bestimmte soziale Einheiten eben nicht einfach nur rechnerisch miteinander zu vergleichen sind, daß diese unterstellte und vom sozialen Leben abgehobene Vergleichbarkeit eher Disparitäten und Ungleichheit schafft.

- Bei der Planung und Erstellung von Wohnungen und Wohnumgebungen sollten auch die Lebens- und Spielgewohnheiten und -erfordernisse in Flächenaufteilung und -bereitstellung mit eingehen.
- Die Alltagsumwelt ist auch als Spiel- und Bewegungsumwelt insbesondere für Kinder zu begreifen. "Mehr Bewegungs- und Spielraum zu schaffen, muß (dabei) heißen, ihn in Wohn-, Arbeits- und Lernräumen zu etablieren und nicht außerhalb davon" (SCHERLER 1979, 19). Das Bewegungsverhalten ist auch über die Bewegungsräume in das weitere soziale Leben zu integrieren. Dabei wären Flächen und Einrichtungen nicht durch materiale Gestaltung in erster Linie, sondern vor allem auch durch die soziale Nutzung als Bewegungsräume auszuweisen. Zu denken wäre hier an die Bereitstellung und Erschließung nicht-definierter Nutzungsflächen und auch an die "Wiederentdeckung" der Straße nicht nur als Verkehrsfläche, sondern auch als Lebensraum. Wenn diese Bereitstellungen durch Maßnahmen vorbereitet und begleitet werden, so zeigen alle Erfahrungen, daß solche Maßnahmen von Nutzern um so eher angenommen werden, je stärker diese an der Planung und Gestaltung beteiligt waren.
- Auf politischer und verwaltungstechnischer Ebene würde dies beinhalten, die für unsere politische Kultur so typische Trennung von Planung und Entscheidung auf der einen Seite und Betroffenheit auf der anderen abzubauen. Die Planung und Gestaltung des Alltagslebens ist Angelegenheit derjenigen, die es führen, und nicht derjenigen, die sich aus welchen Gründen auch immer dazu berufen fühlen, Entscheidungen zu treffen. "Die Neu- bzw. Umplanung von Spiel- und Sportstätten darf nicht allein Aufgabe der Architekten, Bauunternehmer oder (welcher "Fachleute" auch immer - Anm. d. Verf.) ... sein, sondern muß in entscheidendem Maße von den <u>Nutzern</u> selbst mit beeinflußt werden. Es ist daher verstärkt zu untersuchen, auf welche Weise die unmittelbaren Nutzergruppen ... sich am Planungsprozeß aktiv beteiligen können. Voraussetzung für eine

derartige Mitbestimmung in der Umweltplanung allerdings ist eine intensive und breit angelegte Bewußtseinsbildung bei den zu beteiligenden Nutzergruppen ..." (KOCH und MAIER 1981, 71 f.).

- "In unmittelbarem Zusammenhang damit steht die Forderung nach Verbesserung der baulichen Umsetzung dieser Planungsgrundlagen. Damit ist vor allem die Entwicklung und Anwendung alternativer Baumaterialien, Konstruktionssysteme sowie versorgungstechnischer Anlagen (Licht, Luft, Wärme) für den Spiel- und Sportstättenbau gemeint. Gegenwärtig liegt das Problem nicht allein darin, daß die Bauforschung bisher zu wenig interessante Ergebnisse vorlegen konnte, sondern daß diese vor allem von der Spiel- und Sportstättenplanung nicht ausreichend ernstgenommen und konsequent angewendet wurden" (a.a.O.). Diese Aussage bezieht sich sowohl auf die Gestaltung und Ausstattung von Spielanlagen und Sportstätten mit körperfreundlichen und veränderbaren Materialien und Geräten, wie auch auf die Maßstäbe der vor allem an den Kriterien des Wettkampfsports ausgerichteten Sportanlagen, die für Kinder überdimensioniert, monoton und abweisend sind, somit selbst wenn sie in ausreichendem Maße vorhanden und günstig in die Alltagswelt integriert wären, von der Gestaltung her eher von der Nutzung abschrecken als zur Nutzung anregen.

b. Körper- und Bewegungserziehung, Schule

- Auch der Sportunterricht in der Schule müßte in sehr viel stärkerem Maße den alltäglichen Lebenszusammenhang der Kinder in den Vordergrund rücken. Auszugehen ist immer davon, daß das Verhältnis der Kinder zu Spiel, Bewegung und Sport sich aus deren Alltagseinbettung heraus entwickelt, der Unterricht folglich auch auf den Alltag zu beziehen ist. Ausgangspunkt schulischer Vermittlung von Bewegung und Sport kann also auch weniger sein, bestimmte Sportarten möglichst umfassend und perfekt zu vermitteln, als vielmehr die Vertrautheit mit den konkreten alltäglichen Lebenswelten der Kinder, Kenntnis sozialer Lebensstile und Lebensformen sowie der diese bedingenden gesellschaftlichen Faktoren. Dies ist allein schon deshalb erforderlich, um spezifische Formen des Körperbewußtseins und -verhaltens, aber auch Formen und Bedingungsfaktoren von

Bewegungsdefiziten und -blockaden überhaupt begreifen zu können und angemessen darauf einzugehen, wie es umgekehrt dazu erforderlich ist, den Kindern vermitteln zu können, wie das im Unterricht Gelernte in außerschulische Lebenszusammenhänge zu übersetzen ist, wie also die im Unterricht möglicherweise erlernten Fähigkeiten Gebrauchswert auch im Alltag erhalten. Dieses "problemorientierte" Vorgehen erforderte also weit eher eine zielgruppenorientierte Differenzierung des Unterrichts und der Sport- und Bewegungsangebote als beispielsweise eine "Leistungsdifferenzierung".

- Sportunterricht müßte in weit stärkerem Maße als es heute gegeben ist auf "Erfahrung" und "Erleben" des Körpers und der Bewegung ausgerichtet sein, statt auf den funktionalen Einsatz des Körpers und die Optimierung der funktionalen Nutzung. Dabei ist das Erleben verstärkt auf die Subjektivität des Schülers im Unterricht zu richten. Das Kind muß im Sportunterricht erfahren können, daß es um seine Bewegung geht, die es zu entdecken und zu entwickeln gilt, und nicht um auf bestimmte Sportarten bezogene "richtige" Bewegungen, die es zu erwerben und zu verbessern gilt. Nur so ist es möglich, daß das Kind ein subjektives Verhältnis zu seinem Bewegungsverhalten entwickelt und dieses Verhalten in die gesamte Identitätsentwicklung integriert ist.
- Dazu wäre dem Schulsportunterricht auch eine stärkere Einbeziehung nicht-sportzentrierter Formen von Bewegung und Körperbewußtsein anzuraten (vgl. hierzu: KOCH und MAIER 1981, FUNKE 1983 u.a.). Hierzu wären Formen zu wählen, die eine Verbesserung der Sinnestätigkeit und Erlebnisfähigkeit mit beinhalten oder auch eine Verbindung von "innerer" und "äußerer" Bewegung ermöglichen. Ebenso ist auf eine verstärkte Einbeziehung von Erlebnis- und Natursportarten in den Schulsportunterricht zu verweisen. Die steigende Nachfrage nach dergestalten Kursen belegt eindringlich, daß hier massive Bedürfnisdefizite zu verzeichnen sind. Aus eigener Erfahrung kann festgestellt werden, daß sich in solchen Kursen vorwiegend Teilnehmer einfinden, die an typisch sportlicher Betätigung kein oder kaum Interesse haben, oder solche, die sich intensiv sportlich betätigen, aber in der bloßen Ausrichtung auf den Sport

im engeren Verständnis ihren Körper und sich selbst in wachsendem Maße als reduziert und verarmt erleben. Umgekehrt kann auch festgestellt werden, daß das unmittelbare Erleben, was Bewegung "mit einem selbst" zu tun hat, bei den Schülern, denen im herkömmlichen Unterricht das Interesse am Sport, am Körper und an der Bewegung hinlänglich verleidet wurde, auch wieder intensives Interesse an sportlicher Betätigung geweckt hat.

c. Familie und Verein

Es wurde in den Ausführungen dieser Arbeit dargestellt, daß die Sozialisationsinstanz, die am häufigsten als der Ort des ersten Interesses am aktiven Sporttreiben genannt wird (die Schule), keinesfalls die Instanz ist, die am meisten zu einem stabilen Bewegungsverhalten beiträgt. Von hierher ließe sich das Erfordernis einer intensiveren Zusammenarbeit der für den Sozialisationsprozeß bedeutsamen Instanzen ableiten, insbesondere zwischen der Schule, als dem zentralen Ort für das erste Interesse am Sport, mit der Familie und dem Sportverein (vgl. KLEIN 1980). So fordert auch DIGEL (1977): "Gegenseitige Absprache und Zusammenarbeit zwischen Schule und Verein ist ... unverzichtbar geworden. Der Verein benötigt dabei nicht nur die Hilfe der Schule, ebenso benötigt die Schule den Verein, um den Schulsport aus seinem erstarrten, von den Schülern häufig abgelehnten Vermittlungsraum zu befreien".

Ebenso dürfte es zu einer stabilen Sozialisation von Kindern zu einem aktiven Bewegungsverhalten notwendig sein, die Eltern-Kind-Angebote in den Vereinen verstärkt auszubauen. So gibt es bereits seit längerem die Empfehlungen des Deutschen Sportbundes an die Vereine, Zusatzangebote im Sinne des "Zweiten Weges" zu intensivieren. Allerdings zeigt sich nach wie vor eine große Kluft zwischen Forderungen, Empfehlungen und Postulaten einerseits und der eher an Leistungs- und Wettkampfsport orientierten Sportvereinspraxis.

Eine Zusammenarbeit zwischen Familie und Verein erscheint auch deshalb angezeigt, um die oben erörterte und gerade von Kindern in ihrer Freizeit so intensiv erlebte Trennung von Privatheit der Familie und Öffentlichkeit zu überbrücken und damit auch für Kinder bereits erfahrbar zu machen, daß "Öffentlichkeit" die Angelegenheit eines jeden ist und nicht die einiger

weniger (meist selbsternannter) Fachleute. Nur so auch könnte die unter a) geforderte Mitbestimmung der Nutzer bei der Umweltplanung auch mehr als ein idealistisches aber blutleeres Postulat werden.
In einem solchen Verständnis müßte sich allerdings auch die Sportvereinsarbeit mit Kindern und Jugendlichen verändern (vgl. KLEIN 1980, DEHLER u.a. 1982). Es kann dann nicht mehr angehen, nur Angebote unverbindlich in den Raum zu stellen und abzuwarten, daß Kinder und Jugendliche diese vom sozialen Leben ausgegrenzten Angebote wahrnehmen. Auch der Verein müßte sich in die konkreten Lebenswelten und in den Alltag hinein "verlängern"; die Arbeit des Sportvereins wird damit zumindest partiell auch Bildungsarbeit und Sozialarbeit mit jungen Menschen. Kleinere Erfahrungen hierzu gibt es in Modellen der "Sport-Sozialarbeit" in den Niederlanden, in Maßnahmen der Deutschen Sportjugend und mit dem Modellversuch "Freizeitsport" der Universität Oldenburg. Ebenso verweisen Modelle "alternativer Sportkultur" in diese Richtung (vgl. Hochschulsport Heft 11, 1982, HINRICHS u.a. (Hrsg.) 1983).

## 10. Materialien

### 10.1. Nordrhein-Westfalen und Bundesrepublik Deutschland

Amt für Datenverarbeitung und Statistik NRW (Hrsg.): Statistisches Jahrbuch 1978

Amt für Datenverarbeitung und Statistik NRW (Hrsg.): Prognose und Vorausberechnung der Wohnbevölkerung in kreisfreien Städten und Kreisen NRW - Regionalprognose 1976 - 1990

R. Bödeker, A. Boyer, H. Wagenfeld, V. Krén, K. Steinhauer: Öffentliche Spielplätze in Städten und Gemeinden, Schriftenreihe des Institutes für Landes- und Stadtentwicklungsforschung des Landes NRW 'Stadtentwicklung - Städtebau' Band 2 001, Dortmund 1976

Deutsche Olympische Gesellschaft, Bundesvereinigung der kommunalen Spitzenverbände, Bundesinstitut für Sportwissenschaft (Hrsg.): Erhebung über den Bestand an Erholungs-, Spiel- und Sportanlagen/ Sportstätten in der Bundesrepublik Deutschland, Stand: 1.1.1976

Landessportbund NRW (Hrsg.): Vereinsstrukturanalyse NRW 1978

Landessportbund NRW (Hrsg.): Sportplan '80 - Teilbereich Sport und Verein, Duisburg 1979

E. Werner: Jugendheime in Nordrhein-Westfalen 1972, hrsg. vom Ministerium für Arbeit, Gesundheit und Soziales des Landes Nordrhein-Westfalen

### 10.2. Kreis Borken

Kreis Borken (Hrsg.): Kreis Borken 1976

Kreis Borken Hauptamt - Statistik - (Hrsg.): Kreis Borken - Strukturdaten 1979

Kreis Borken, Jugend- und Sportamt (Hrsg.)
Interne Tabellensammlung, Stand: 1.1.1979
- Turn- und Sportvereine im Kreis Borken
- Turn- und Sportvereine, Vereinsgröße nach Mitgliederzahlen
- Turn- und Sportstätten im Kreis Borken

Kreis Borken, Jugend- und Sportamt (Hrsg.)
Auswertung des Wettbewerbs 'Die sportliche Gemeinde', Kreisergebnis, Stand: 1.1.1977

10.3. Erftkreis

Kreissportbund Erftkreis (Hrsg.)
Der Sport im Erftkreis, Datensammlung des Kreissportbundes 1978

Kreisverwaltung Erftkreis - Amt 80 (Hrsg.)
Interne Tabellensammlung
- Wohnungsbestand im Erftkreis am 31.12.1978

Kreisverwaltung Erftkreis - Amt 80 (Hrsg.)
Umgerechnete Volkszählungsergebnisse (1970) auf den Gebietsstand zum 1.1.1975

Kreisverwaltung Erftkreis - Amt für Öffentlichkeitsarbeit (Hrsg.)
Erftkreis 1979 - Überblick in Zahlen

Kreisverwaltung Erftkreis - Jugendamt (Hrsg.)
Freizeitstättenbedarfsplan 1976/77

Kreisverwaltung Erftkreis - Jugendamt (Hrsg.)
Freizeitstättenbedarfsplan 1979/80

10.4. Stadt Essen


| | |
|---|---|
| S. Agricola, M. Baumgartner, P. Grabowski | Bauspielplatz, Schriftenreihe des Siedlungsverbandes Ruhrkohlebezirk 'Freizeit' Band 1, Essen 1979 |
| E.Broschik, R. Meisel u.a. | Kinderspielplätze in sozialen Brennpunkten, Broschürenreihe der Sozialistischen Jugend Deutschlands - Die Falken - Kreisverband Essen Bd. 3, Essen o.J. |
| M. Busch, D. Samland | Neue Spielplätze, Spielgeräte und Spielformen in Essen, Broschürenreihe der Sozialistischen Jugend Deutschlands - Die Falken - Kreisverband Essen Bd. 4, Essen o.J. |
| Joachim Scharioth | Infrastruktur im Ruhrgebiet - Freizeit, Schriftenreihe des Siedlungsverbandes Ruhrkohlebezirk Nr. 49, Essen 1974 |
| H. Schönfeld, W. Wolters u.a. | Freizeit im Ruhrgebiet, hrsg. vom Siedlungsverband Ruhrkohlebezirk, Essen o.J. |
| H. Schönfeld, B. Graf von Schnettow, S. Agricola | Freizeit im Ruhrgebiet - 2. Freizeitbäder, hrsg. vom Siedlungsverband Ruhrkohlebezirk, Essen o.J. |
| Stadt Essen - Amt für Statistik und Wahlen (Hrsg.) | Statistische Sonderhefte, Jahrgang 1978 |
| Stadt Essen - Amt für Statistik und Wahlen (Hrsg.) | Statistische Sonderhefte, Jahrgang 1979 |

| | |
|---|---|
| Stadt Essen - Jugendamt (Hrsg.) | Jugendhilfe- und Familienförderungsplan, Teil: Jugendfreizeitstätten, Juni 1978 |
| Stadt Essen - Jugendamt (Hrsg.) | pfiff-Sonderheft, Einrichtungen und Angebote für Kinder und Jugendliche in Essen, o.J. |
| Stadt Essen Kulturamt (Hrsg.) | Kultur für alle in Essen, Heft 3 - 1979/80, Bezirke I - IX |
| Stadt Essen - Sportamt (Hrsg.) | Fortschreibung des Sportentwicklungsplanes Teil II: Ungedeckte Sportstätten, Januar 1979 (Entwurf) |
| Siedlungsverband Ruhrkohlebezirk (Hrsg.) | Statistische Rundschau Ruhrgebiet 1978 |


10.5. <u>Stadt Köln</u>


| | |
|---|---|
| Stadt Köln - Dezernat für Stadtentwicklung (Hrsg.) | Flächennutzungsplan der Stadt Köln 1978 (Entwurf) |
| Stadt Köln - Dezernat für Stadtentwicklung (Hrsg.) | Flächennutzungsplan der Stadt Köln, Erläuterungsbericht, 1.11.1978 (Entwurf) |
| Stadt Köln - Grünflächenamt (Hrsg.) | Anlagenbestand - Grünanlagen im Stadtgebiet Köln, Stand: Dez. 1978 |
| Stadt Köln - Jugendamt (Hrsg.) | Jugendhilfeplan der Stadt Köln, Teilplan 1: Spielplätze, 3.3.75 |
| Stadt Köln - Jugendamt (Hrsg.) | Jugendhilfeplan der Stadt Köln, Teilplan 2: Offene Jugendeinrichtungen, 5.9.77 |

Stadt Köln - Sport- und Bäderamt (Hrsg.)    Sport in Köln, Beiträge zur Stadtentwicklung, Teil I: Bestandsaufnahme, 1977

Stadt Köln - Statistisches Amt (Hrsg.)    Strukturdaten für die Stadtbezirke I - IX, Ausgaben 1976/77

## 11. Literatur


Anders, G.: Sport und Jugendkultur. in: F. Gras (Red.), Körperkultur und Sport in der Lebensweise sozialer Gruppen, Bd. 1. Leipzig 1982, 177 - 186 (auch in: International Review of Sport Sociology 17, 1982, 49 - 60)

Arbeitsgruppe Sport (Hrsg.): Schulsport im Abseits. Analysen zur Bewegungslosigkeit. Hamburg 1975

Ariès, P.: Geschichte der Kindheit. München 1975

Artus, H.-G.: Jugend und Freizeitsport. Gießen 1974

Ash, M.J.: Children in Sport. Champaign 1978

Ausubel, D. und E. Sullivan: Das Kindesalter. Fakten, Probleme, Theorie. München 1974

Bahrdt, H.P.: Humaner Städtebau. Hamburg 1968

ders.: Umwelterfahrung. München 1974

Baumann, R. und H. Zinn: Kindergerechte Wohnungen für Familien. Bern 1973

Becker, P. (Hrsg.): Sport und Sozialisation. Reinbek 1982

Becker, W.C.: Consequences of different kinds of parental discipline. in: L. Hoffman und M. Hoffman (Hrsg.), Review of child development research, Bd. 1. New York 1964

Bellak, L. und M. Antell: An intercultural study of aggressive behavior on children's playgrounds. in: American Journal of Orthopsychiatry 1974 (4), 503 - 511

Bengtsson, A.: Ein Platz für Kinder. Plädoyer für eine kindgemäße Umwelt. Wiesbaden 1971

Berger, P.: Einladung zur Soziologie. Stuttgart 1971

Bierhoff, H.W.: Spielplätze und ihre Besucher. Darmstadt 1974

Bittner, G. u.a.: Spielgruppen als soziale Lernfelder. München 1973

Blücher, V. Graf: Die Generation der Unbefangenen. Düsseldorf 1966

ders.: Das Freizeitverhalten von Jugendlichen. in: E.K. Scheuch und R. Meyersohn (Hrsg.), Soziologie der Freizeit. Köln 1972, 243 - 253

Boltanski, L.: Die soziale Verwendung des Körpers. in: D. Kamper und V. Rittner (Hrsg.), Zur Geschichte des Körpers. München 1976, 138 - 183

Bruner, J.S.: Toward a theory of instruction. Cambridge, Mass. 1966

ders. und C.C. Goodman: Value and need as organizing factors in perception. in: Journal of abnormal and social psychology 42, 1947, 33 - 44

Bundesminister für Jugend, Familie und Gesundheit (Hrsg.): Freizeitmöglichkeiten für Familie mit kleinen Kindern. = Schriftenreihe des Bundesministeriums für Jugend, Familie und Gesundheit Bd. 115 Stuttgart 1978

ders.: Freizeitmöglichkeiten der Bevölkerung im ländlichen Raum. = Schriftenreihe des Bundesministeriums für Jugend, Familie und Gesundheit Bd. 113. Stuttgart 1978

ders.: Bessere Freizeitmöglichkeiten - Angebote und Rahmenbedingungen. = Schriftenreihe des Bundesministeriums für Jugend, Familie und Gesundheit Bd. 116

Buytendijk, F.J.: Wesen und Sinn des Spiels. Berlin 1933

Caillois, R.: Die Spiele und die Menschen. Stuttgart 1960

Claus, J. u.a.: Spiel im Vorschulalter. Frankfurt 1973

Common, J.: The freedom of the streets. London 1938

Conrads, U.: Umwelt Stadt. Reinbek 1974

Dehler, J. u.a.: Wir haben die Jugend fest im Griff. Plädoyer für eine andere Jugendarbeit in Sportorganisationen. Frankfurt 1983

Dessai, E. und R. Alt-Rosendahl: Wohnen und Spielen mit Kindern. Düsseldorf 1978

Deutsche Olympische Gestellschaft (Hrsg.): Memorandum zum Goldenen Plan für Gesundheit, Spiel und Erholung. Frankfurt 1960

dies. (Hrsg.): Der Goldene Plan in den Gemeinden. Frankfurt 1962

Deutsche Sportjugend (Hrsg.): Zur Situation der Bewegungserziehung in Kindergarten und Verein. Schriftenreihe 'Berichte und Analysen' 55. Frankfurt 1979

Dieckert, J. (Hrsg.): Freizeitsport. Aufgabe und Chance für jedermann. Düsseldorf 1974

ders. u.a. (Hrsg.): Spielen im städtischen Naherholungsgebiet. = Schriftenreihe des Kinderhilfswerks, hrsg. vom Wissenschaftlichen Beirat des Kinderhilfswerks e.V. Bd. 2. München 1979

Diettrich, M. (Hrsg.): Kritische Sporttheorie. Alternativen für die Sport- und Bewegungserziehung. Köln 1981

ders.: Umwelt, Spiel und Bewegung. in: Ders. (Hrsg.), Kritische Sporttheorie. Köln 1981, 74 - 108

ders. und M. Klein: Freizeit von Kindern - ein Ringen um Frei-raum und Frei-zeit. in: E. Franke (Hrsg.), Sport und Freizeit. Reinbek 1983

Digel, H.: Jugendliche - Stiefkinder der Sportvereine. Vortrag anläßlich der Herbsttagung der Württembergischen Sportjugend 1977, hekt.

Does, K.-J. und J. Motz: Kind und Umwelt. Teil I und II. = Bild der Wissenschaft, Sonderdruck 1979

Drenkow, E.: Inhalte selbsständiger sportlicher Betätigung in der Freizeit von Kindern und Jugendlichen. in: Theorie und Praxis der Körperkultur 26, 1977, 182 - 184

Eggert, D. und K.D. Schuck: Untersuchungen zu Zusammenhängen zwischen Intelligenz, Motorik und Sozialstatus im Vorschulalter. in: H.J. Müller u.a. (Red.), Motorik im Vorschulalter. Schorndorf 1975, 67 - 82

Eibl-Eibesfeld, L.: Grundriß der vergleichenden Verhaltensforschung. München 1969

Eichler, G.: Spiel und Sport in der Freizeiterziehung. Versuch einer soziologischen Kritik der Spielideologie und der Spielerziehung. in: H. Walter (Hrsg.), Sozialisationsforschung Bd. II. Sozialisationsinstanzen und Sozialisationseffekte. Stuttgart 1973, 161 - 186

Erikson, E.H.: Kindheit und Gesellschaft. Stuttgart 1971

Feldenkrais, M.: Bewußtheit durch Bewegung. Frankfurt 1978

Flitner, A.: Spielen - Lernen. Praxis und Deutung des Kinderspiels. München 1973

Forschungskreis: Körperliche Momente der Subjektivität in hochindustrialisierten Gesellschaften: Grundlagenentwurf und zusammenfassender Überblick zum gegenwärtigen Forschungsstand. Bremen/Oldenburg 1979 hekt.

Friedrichs, J.: Stadtanalyse. Soziale und räumliche Organisation der Gesellschaft. Reinbek 1977

Frommlet, W. u.a.: Eltern spielen - Kinder lernen. Handbuch für Spielaktionen. Reinbek 1975

Frostig, M.: Bewegungs - Erziehung. München 1973

Funke, J. (Hrsg.): Sportunterricht als Körpererfahrung. Reinbek 1983

Gallahue, D.L.: Motor development and movement experiences of young children. New York 1976

Gehlen, A.: Anthropologische Forschung. Hamburg 1968

Geschäftsstelle der nationalen Kommission für das internationale Jahr des Kindes (Hrsg.): Internationales Jahr des Kindes - 1979. Bonn 1978

Greendorfer, S.: Socialization into sport. in: C. Oglesby (Hrsg.), Woman and sport: From myth to reality. Philadelphia 1978, 115 - 140

Grüneisl, G. u.a.: Umwelt als Lernraum. Organisation von Spiel und Lernsituationen. Köln 1973

Grupe, O. u.a. (Hrsg.): Spiel - Spiele - Spielen. Schorndorf 1983

Hallmann, H.W.: Möglichkeiten zur Verbesserung der Spielsituation mit Hilfe der Stadtplanung. in: Internationaler Arbeitskreis Sport- und Freizeiteinrichtungen e.V./ Landessportbund NRW (Hrsg.), Bericht über das Seminar 'Kind und Umgebung' am 19.6.79 in Köln. Köln 1979, 21 - 40

Hamm, B.: Betrifft: Nachbarschaft. Düsseldorf 1973

Hammerich, K.: Skizzen zur Genese der Freizeit als eines sozialen Problems. in: Kölner Zeitschrift für Soziologie und Sozialpsychologie 26, 1974, 267 - 286

ders.: Kritische Studien zur Freizeitpädagogik und Freizeitsoziologie. Kastellaun 1978 ders. und M. Klein: Alltag und Soziologie. in:K. Hammerich und M. Klein (Hrsg.), Materialien zur Soziologie des Alltags. Opladen 1978, 7 - 21

Hanhart, D.: Arbeitszufriedenheit und Freizeit. in: R. Schmitz-Scherzer (Hrsg.), Freizeit. Frankfurt 1974, 327 - 339

Hausen, K.: Die Polarisierung der "Geschlechtscharaktere" - Eine Spiegelung der Dissoziation von Erwerbs- und Familienleben. in: H. Rosenbaum (Hrsg.), Seminar: Familie und Gesellschaftsstruktur. Frankfurt 1978, 161 - 191

Heckhausen, H.: Entwurf einer Psychologie des Spielens. in: C.F. Graumann und H. Heckhausen (Hrsg.), Pädagogische Psychologie. Grundlagentexte Bd. 1. Frankfurt 1973, 155 - 174

ders.: Faktoren des Entwicklungsprozesses. in: F.E. Weinert u.a. (Hrsg.), Pädagogische Psychologie Bd. 1. Frankfurt 1974, 101 - 132

Heinemann, K.: Einführung in die Sportsoziologie. Schorndorf 1980

Herlyn, I. und U. Herlyn: Wohnverhältnisse in der Bundesrepublik Deutschland. Frankfurt 1976

Hetzer, H.: Das Spiel in der Schule. Frankfurt 1957

dies. u.a.: Kinderspiel im Freien. München 1966

Hinrichs, W. u.a. (Hrsg.): Wir bringen was in Bewegung. Oldenburg 1983

Höltershinken, D.: Untersuchung öffentlicher Kinderspielplätze. Dortmund 1975 (Manuskriptdruck)

Huizinga, J.: Homo Ludens. Hamburg 1956

Johansen, E.M.: Betrogene Kinder. Eine Sozialgeschichte der Kindheit. Frankfurt 1978

Kaminski, G.: Theoretische und methodische Aspekte des Verhältnisses von Spiel und Handlung. in: O. Grupe u.a. (Hrsg.), Spiel - Spiele - Spielen. Schorndorf 1983, 90 - 105

Kenyon, G.S. und B.D. McPherson: Becoming involved in physical activity and sport: A process of socialization. in: G.L. Rarick (Hrsg.), Physical activity: Human growth and development. New York 1973, 303 - 332

Kinderhilfswerk e.V.: Deklaration zum Jahr des Kindes. = Schriftenreihe des Kinderhilfswerks Bd. 1. München 1979

dass. (Hrsg.): Kongress 'Spiel und Umwelt' am 16./17.10.79 in Bonn. - Kurzreferate - .. Kongressmaterialien

Klein, M.: The 4th International Symposion on the Sociology of Sport. in: Kölner Zeitschrift für Soziologie und Sozialpsychologie 25, 1973, 949 f

ders.: Entwicklung und Funktion der Sportsoziologie. Grundsatzreferat auf der ersten Arbeitstagung der Sportsoziologen der Bundesrepublik Deutschland. Trier 1979 hekt.

ders.: Kinder und Jugendliche im Verein - Perspektiven für die Jugendarbeit der 80er Jahre. in: Olympische Jugend 1980 (7), 14 - 17

ders.: Sport und soziale Probleme, in: M. Diettrich (Hrsg.), Kritische Sporttheorie. Köln 1981, 121 - 135

ders.: Die Sozialisation zum Sport ist lebenslang. in: P. Becker (Hrsg.), Sport und Sozialisation. Reinbek 1982, 49 - 65

ders.: Freizeitrollensozialisation, oder wie man in den Sport involviert wird. in: P. Becker (Hrsg.), Sport und Sozialisation. Reinbek 1982, 142 - 149 ders.: Zur Methodologie qualitativer Sozialforschung. in: DVS-Protokolle, Quantitative oder qualitative Forschung in der Sportsoziologie? Bad Homburg 1983

ders.: Sport und Geschlecht. Zur Einführung. in: Ders. (Hrsg.), Sport und Geschlecht. Reinbek 1983a, 7 - 28

ders. und C. Liesenhoff: Die Entwicklung des Spiel- und Bewegungsverhaltens der Kinder in Abhängigkeit von sozialräumlichen Gegebenheiten der Lebenswelt. in: F. Gras (Red.), Körperkultur und Sport in der Lebensweise sozialer Gruppen, Bd. 1. Leipzig 1982, 154 - 160 (auch in: International Review of Sport Sociology 17, 1982, 61 - 69)

Knauer, S.: Verkehr und Wohnen. in: Andritzky, M. und G. Selle (Hrsg.), Lernbereich Wohnen. Didaktisches Sachbuch zur Wohnumwelt vom Kinderzimmer bis zur Stadt. Reinbek 1979, 177 - 189

Koch, J. und H. Maier: Integrative Körper- und Bewegungserziehung und deren räumlich-architektonische Konsequenzen. in: M. Diettrich (Hrsg.), Kritische Sporttheorie. Köln 1981, 32 - 73

Krause, H.J.: Spielstraße und Spielplatz. Hamburg 1975

Kruse, L.: Räumliche Umwelt. Die Phänomenologie des räumlichen Verhaltens als Beitrag zu einer psychologischen Umwelttheorie. Berlin 1974

dies.: Privatheit als Gegenstand und Problem der Psychologie. Bern 1979

dies. und C.F. Graumann: Sozialpsychologie des Raumes und der Bewegung. in: K. Hammerich und M. Klein (Hrsg.), Materialien zur Soziologie des Alltags. Opladen 1978, 177 - 219

Kükelhaus, H.: Unmenschliche Architektur. Köln 1973

ders.: Fassen, Fühlen, Bilden. Organerfahrungen im Umgang mit Phänomenen. Köln 1978 ders.: Organ und Bewußtsein. Köln 1977

Kujawa, G. von: Ursprung und Sinn des Spiels. Köln 1949

Kunze, E.: Eine Generation aufkeimender Kraftmenschen. Ein Beitrag zur historisch orientierten Sozialisationsforschung. in: P. Becker (Hrsg.), Sport und Sozialisation. Reinbek 1982, 24 - 47

Lammer, I.: Persönlichkeitsentwicklung im Vorschulalter bei Spiel und Arbeit. Berlin 1970

Lefèbvre, H.: La vie quotidienne dans le monde moderne. Paris 1968

ders.: Die Revolution der Städte. München 1972

Lenz-Romeiss, F.: Die Stadt - Heimat oder Durchgangsstation? München 1970

dies.: Freizeit-Planung. Chance der demokratischen Stadtentwicklung. in: Stadtbauwelt 34, 1972, 103 ff.

dies.: Freizeitráum Stadt. in: W. Pehnt (Hrsg.), Die Stadt in der Bundesrepublik. Stuttgart 1974, 281 - 294

Leontjew, A.M.: Probleme der Entwicklung des Psychischen. Berlin (Ost) 1971

zur Lippe, R.: Naturbeherrschung am Menschen. 2 Bde. Frankfurt 1974

ders.: Am eigenen Leibe. Zur Ökonomie des Lebens. Frankfurt 1978

Loy, J.W. u.a.: Sport and social system. London 1978

Lüdtke, H.: Jugendliche in organisierter Freizeit. Weinheim 1972

ders.: Freizeit in der Industriegesellschaft. Opladen 1974

Mackensen, R. u.a.: Daseinsformen der Großstadt. Tübingen 1959

Magill, R.A. u.a.: Children in sport: A contemporary anthology. Champaign 1978

Malson, L. u.a.: Die wilden Kinder. Frankfurt 1972

Mauss, M.: Die Techniken des Körpers. in: ders., Soziologie und Anthropologie, Bd. 2. München 1975, 197 - 220

McCarthy, D.: Language development in children. in: L. Carmichael (Hrsg.), Manual of child psychology. New York 1954

Mead, M.: Kindheit und Jugend in Samoa. in: dies., Leben in der Südsee. München 1965

Mehrabian, A.: Räume des Alltags oder wie die Umwelt unser Verhalten bestimmt. Frankfurt 1978

Merand, R.: Problems of play and sports activity of the child. in: International Review of Sport Sociology 9, 1974, 93 - 104

Meyer-Ehlers, G.: Wohnung und Familie. Stuttgart 1968

dies.: Raumprogramme und Bewohnererfahrung. Stuttgart 1971

Ministerium für Arbeit, Gesundheit und Soziales des Landes NW (MAGS NW): Kinder in Nordrhein-Westfalen. Bericht über die Situation des Kindes in Nordrhein-Westfalen. Düsseldorf 1981

Mitscherlich, A.: Thesen zur Stadt der Zukunft. Frankfurt 1971

Morville, J.: Planlaegning at boerns udemiljoe. Kopenhagen 1973

Muchow, M. und H.H. Muchow: Der Lebensraum des Großstadtkindes. Bensheim 1978 (Reprint)

Nahrstedt, W.: Die Entstehung der Freizeit. Dargestellt am Beispiel Hamburgs. Ein Beitrag zur Strukturgeschichte und strukturgeschichtlichen Grundlegung der Freizeitpädagogik. Göttingen 1972

Nave-Herz, R. und B. Nauck: Familie und Freizeit. München 1978

Negt, O. und A. Kluge: Öffentlichkeit und Erfahrung. Frankfurt 1973

Nöcker, G. und M. Klein: Top-level athletes and idols. in: International Review of Sport Sociology 15, 1980, 5 - 19

Nowicki, M.: Jugendarbeit mit Arbeiterjugendlichen. in: Freizeit im Arbeiterviertel. = Ästhetik und Kommunikation 7, Heft 24, 88 - 98

Paech, E.-M. und W.-D. Rase: Versorgungssituation der Kreise mit Basiseinrichtungen für Freizeitsport. in: Zeitschrift für Raumforschung und Raumordnung 35, 1977, Heft 1/2, 63 - 68

Pehnt, W. (Hrsg.): Die Stadt in der Bundesrepublik Deutschland. Lebensbedingungen, Aufgaben, Planung. Stuttgart 1974

Piaget, J.: Psychologie der Intelligenz. Zürich 1972

ders.: Das Erwachen der Intelligenz. Stuttgart 1969

ders.: Das moralische Urteil beim Kinde. Frankfurt 1973

ders.: Der Aufbau der Wirklichkeit beim Kinde. Stuttgart 1974

Pirjow, G. D. (Red.): Probleme des Spiels im Kindergarten. Berlin 1974

Plessner, H.: Philosophische Anthropologie: Lachen und Weinen - Das Lächeln - Anthropologie der Sinne. Frankfurt 1970

ders.: Die Stufen des Organischen und der Mensch. Berlin 1975

Polzin, M. u.a.: Sensumotorisches Lernen im Vorschulalter. in: Arbeitsgruppe Sport (Hrsg.), Schulsport im Abseits. Reinbek 1975, 146 - 171

Rase, W.-D. und E.-M. Paech: Klassifizierung der Kreise der Bundesrepublik nach ihrer Versorgung mit Basis - Freizeiteinrichtungen. in: H. Späth (Hrsg.), Fallstudien Cluster - Analysen. München 1977, 133 - 146

Rauh, H.: Entwicklung des Denkens. in: F.E. Weinert u.a., Pädagogische Psychologie Bd. 1. Frankfurt 1974, 211 - 249

Reulecke, J. und W. Weber (Hrsg.): Fabrik, Familie, Feierabend. Beiträge zur Sozialgeschichte des Alltags im Industriezeitalter. Wuppertal 1978

Rigauer, B.: Zum Verhältnis innerer und äußerer Ökonomie sportlichen Verhaltens. in: J. Koch, H. Maier und B. Rigauer, Integrative Körper- und Bewegungserziehung und sportliches Verhalten. Oldenburg 1980, 85 - 122

ders.: Sportsoziologie. Reinbek 1982

Rubinstein, S.L.: Sein und Bewußtsein. Berlin 1964

ders.: Grundlagen der allgemeinen Psychologie. Berlin 1968

Rumpf, H.: Die übergangene Sinnlichkeit. München 1981

Rutschky, K. (Hrsg.): Schwarze Pädagogik. Quellen zur Naturgeschichte der bürgerlichen Erziehung. Frankfurt 1977

Scherhorn, G. und G. Eichler: Der Wunsch nach sportlichen Erholungszentren in der Großstadt. Kleine Schriften der Hochschule für Wirtschaft und Politik. Hamburg 1971

Scherler, K.: Sensomotorische Entwicklung und materiale Erfahrung. Schorndorf 1975

ders.: Umweltwahrnehmung und Bewegungsverhalten von Kindern. Analyse und umweltpädagogische Konsequenzen. in: Evangelische Akademie Bad Boll (Hrsg.), Bewegungsspielraum für unsere Kinder. Bad Boll 1978, 18 - 33

ders.: Umwelt als Bewegungsraum. in: Sportpädagogik 6, 1979, 16 - 25

Scheuch, E.K.: Soziologie der Freizeit. in: R. König (Hrsg.), Handbuch der empirischen Sozialforschung Bd. 2. Stuttgart 1969, 735 - 833

Schlagenhauf, K.: Sportvereine in der Bundesrepublik Deutschland. Teil I: Strukturelemente und Verhaltensdeterminanten im organisierten Freizeitbereich. Schorndorf 1977

Schlumbohm, J.: "Traditionale" Kollektivität und "moderne" Individualität: einige Fragen und Thesen für eine historische Sozialisationsforschung. in: R. Vierhaus (Hrsg.), Bürger und Bürgerlichkeit im Zeitalter der Aufklärung. Heidelberg 1981, 265 - 320

Schmidtchen, S. und A. Erb: Analyse des Kinderspiels. Ein Überblick über neuere psychologische Untersuchungen. Köln 1976

Schmitz-Scherzer, R.: Sozialpsychologie der Freizeit. Stuttgart 1974

Schottmayer, G. und R. Christmann: Kinderspielplätze. Beiträge zur kindorientierten Gestaltung der Wohnumwelt. 2 Bde. Stuttgart 1976

Schütz, A.: Das Problem der Relevanz. Frankfurt 1971

Schulke, H.-J.: Zum soziologischen Erklärungswert des Begriffs "Erwachsenensport". in: F. Gras (Red.), Körperkultur und Sport in der Lebensweise sozialer Gruppen, Bd. 2. Leipzig 1982, 254 - 263

Segall, M.H. u.a.: The influence of culture on visual perception. Indianapolis 1966

Siedlungsverband Ruhrkohlebezirk (Hrsg.): Freizeit im Ruhrgebiet. Untersuchung über das Freizeitverhalten und die Freizeitbedürfnisse der Bevölkerung. Bielefeld 1970

Speier, M.: The everyday world of the child. in: J.D. Douglas (Hrsg.), Unterstanding everyday life. Chicago 1970, 188 - 217

Stadler, M. u.a.: Psychologie der Wahrnehmung. München 1975.

Staniford, D.J.: Play and physical activity in early childhood socialization. CAHPER-Series, Ontario o.J. (1979)

Staples, J.: Outdoor education and the quality of life - What the children think. Ottawa 1977

Sutton-Smith, B.: Play as adaptive potentiation. in: Sportwissenschaft 5, 1975, 103 - 118

ders.: Die Dialektik des Spiels. Schorndorf 1978

ders.: Die Idealisierung des Spiels. in: O. Grupe u.a. (Hrsg.), Spiel - Spiele - Spielen. Schorndorf 1983, 60 - 75

Thomas, I.: Bedingungen des Kinderspiels in der Stadt. Stuttgart 1979

Timm, W.: Sportvereine in der Bundesrepublik Deutschland. Teil II: Organisations-, Angebots- und Finanzstruktur. Schorndorf 1979

Trudewind, C.: Häusliche Umwelt und Motiventwicklung. Göttingen 1975

van Ussel, J.: Die Kleinfamilie. in: D. Claessens und P. Milhoffer (Hrsg.), Familiensoziologie. Königstein 1980, 129 - 143

Vernon, M.D.: Wahrnehmung und Erfahrung. Köln 1974

Vester, F.: Phänomen Stress. Stuttgart 1976

Volpert, W.: Sensumotorisches Lernen. Frankfurt 1973

Vygotsky, L.S.: Thought and language. Cambridge, Mass. 1965

Ward, C.: Das Kind in der Stadt. Frankfurt 1977

Weber, E.: Das Freizeitproblem. München 1963

Weber-Kellermann, J.: Die Familie. Geschichte, Geschichten und Bilder. Frankfurt 1977

Weishaupt, H.: Sport und Lebensraum - Überlegungen zu einem ökologischen Verständnis der Sportsozialisation. in: P. Becker (Hrsg.), Sport und Sozialisation. Reinbek 1982, 67 - 82

Werner, E.: Jugendheime in Nordrhein-Westfalen. Düsseldorf 1972

Zilling, J.: Der städtische Freiraum als Ort des Spielens. in: Internationaler Arbeitskreis Sport- und Freizeiteinrichtungen e.V./ Landessportbund NRW (Hrsg.), Bericht über das Seminar 'Kind und Umgebung' am 19.6.79 in Köln. Köln 1979, 6 - 11

Zinnecker, J.: Recherchen zum Lebensraum des Großstadtkindes. Eine Reise in verschüttete Lebenswelten und Wissenschaftstraditionen. in: M. Muchow und H.H. Muchow, Der Lebensraum des Großstadtkindes. Bensheim 1978, 10 - 52

ders.: Straßensozialisation. Versuch, einen unterschätzten Lernort zu thematisieren. in: Zeitschrift für Pädagogik 25, 1979, 727 - 746

# Sportwissenschaft und Sportpraxis

Herausgeber: **Clemens Czwalina**

ISSN 0342-457X

---

Band 3 — **Niedlich/Czwalina: Basketball — Teil 1: Grundlagen der Technik.**
1970. 5. Auflage 1979. 116 Seiten.

Band 4 — **Czwalina: Der Beitrag der Leibesübungen und des Sports zur politischen Erziehung.**
1965. 2. Auflage 1970. 147 Seiten

Band 7 — **Bührle: Die sozialerzieherische Funktion des Sports.**
1971. 152 Seiten.

Band 10 — **Lutter: Untersuchungen über Formen seelischen Geschehens auf dem Gebiet der Leibeserziehung.**
1972. 147 Seiten.

Band 13 — **Schaller: Zur pädagogischen Theorie des Spiels.**
1973. 265 Seiten.

Band 20 — **Kohl/Czwalina: Psychologische und pädagogische Untersuchungen zum Sportspiel.**
1974. 2. Auflage 1978. 127 Seiten.

Band 28 — **Pilz/Trebels: Aggression und Konflikt im Sport.**
1976. 217 Seiten.

Band 30 — **Brettschneider/Westphal: Das Volleyballspiel.**
1976. 2. Auflage 1978. 175 Seiten.

Band 31 — **Schöpe: Zur didaktischen Struktur des Geräteturnens unter dem Gesichtspunkt der Schulrelevanz.**
1977. 214 Seiten.

Band 32 — **Niedlich: Zum Problem der Elementarisierung des Sportspiels.**
1978. 176 Seiten.

Band 33 — **Hägele: Spiel und Sport.**
1979. 96 Seiten.

Band 35 — **Kneyer: Spitzensport und soziale Mobilität.**
1980. 88 Seiten, 21 Seiten Anhang.

Band 36 — **Güldenpfennig: Sport in der sozialwissenschaftlichen Diskussion.**
1980. 233 Seiten.

Band 37 — **Bornkamp-Baake: Sport in der Psychiatrie.**
1981. 130 Seiten.

Band 38 — **Tiwald: Psycho-Training im Kampf- und Budo-Sport.**
1981. 109 Seiten.

Band 39 — **Nitschke/Wieland (Hrsg.): Die Faszination und Wirkung außereuropäischer Tanz- und Sportformen.**
1981. 190 Seiten.

Band 40 — **Miethling/Perl: Computerunterstützte Sportspielanalyse.**
1981. 136 Seiten.

Band 41 — **Kalies: Präventives Ausdauertraining für untrainierte Frauen.**
1982. 196 Seiten.

# Sportwissenschaft und Sportpraxis

Herausgeber: **Clemens Czwalina** ISSN 0342-457X

Band 42 **Andresen/Hagedorn (Hrsg.): Training im Sportspiel.**
1982. 364 Seiten.

Band 43 **Hug: Bewegungsregulation im Sport**
1982. 295 Seiten.

Band 44 **Fahlbusch-Wendler: Die Zulässigkeit der staatlichen Förderung des Kinderhochleistungssports in der Bundesrepublik Deutschland.**
1982. 249 Seiten.

Band 45 **Steinhöfer: Zur Leistungserfassung im Basketball.**
1983. 201 Seiten.

Band 46 **Artus (Hrsg.): Grundlagen zur Theorie und Praxis von Gymnastik- und Tanzunterricht.**
1983. 184 Seiten.

Band 47 **Christmann (Red.): Volleyball lehren und lernen.**
1983. 200 Seiten.

Band 48 **Letzelter: Ziele, Methoden und Inhalte des Krafttrainings.**
1983. 318 Seiten.

Band 49 **Klein/Diettrich: Kinder und Freizeit.**
1983. 155 Seiten.